I. Altstadt

1 | Marktplatz mit Jan-Wellem-Denkmal

Der Düsseldorfer Marktplatz wurde im Rahmen der Stadterweiterung im 14. Jahrhundert angelegt und misst gerade einmal 50 mal 50 Meter. In seiner Funktion als Marktplatz hat ihn spätestens seit 1910 der Carlsplatz (siehe Nr. 31) abgelöst. Heute findet hier am 11.11. um 11.11 Uhr mit dem Erwachen des Hoppeditz der Auftakt zum Karneval statt. Auf einem klassizistischen Marmorsockel erhebt sich das Reiterstandbild des Kurfürsten Johann Wilhelm II. von der Pfalz – in Düsseldorf liebevoll Jan Wellem genannt. Ein anderer großer Düsseldorfer, Heinrich Heine, grübelte in seinen »Reisebildern« angesichts des Denkmals, »wie viel Apfeltörtchen man wohl für all dies Silber bekommen könnte«, denn hartnäckig hielt sich die Legende, die Düsseldorfer Bürger selbst hätten mit der Spende ihrer Silberlöffel zur Fertigstellung des Reiters beigetragen. Entworfen hat den Jan Wellem mit Harnisch und Allongeperücke der flämische Barockbildhauer Gabriel de Grupello 1703/11, der marmorne Sockel entstand erst 1830.

Johann Wilhelm II.
1658–1716, genannt Jan Wellem, Herzog von Jülich-Berg, Kurfürst von der Pfalz. Johann Wilhelm regierte schon seit 1679 das Herzogtum Jülich-Berg und wurde 1690 Kurfürst von der Pfalz. Da das Heidelberger Schloss 1689 während des Pfälzischen Erbfolgekrieges zerstört worden war, nahm er seine Sommerresidenz in Schwetzingen, die Hauptresidenz in der Düsseldorfer Burg, die er zu einem prächtigen Barockschloss umbauen ließ. Er war tief katholisch (was ihn bei den Düsseldorfern sehr beliebt machte), förderte in bisher ungekanntem Maße Kunst und Kultur und legte den Grundstein für die Düsseldorfer Gemäldegalerie.

2 | Rathaus

Führung Mi 15 Uhr
Informationen für Touristen Tel. 0211 17 20 28 44,
www.duesseldorf-tourismus.de

Eigentlich ist der Markt ein Platz mit viel Rathaus herum. Nord- und Westseite werden von ihm eingenommen, und auch der Erweiterungsbau an der südlichen Front gehörte im weitesten Sinne dazu. Der wichtigste und älteste Teil ist der dreigeschossige Renaissancebau aus rötlichem Backstein. Dieser, Altes Rathaus genannt, wurde 1570/73 von dem Duisburger Baumeister Heinrich Tussmann errichtet. Zentral steht der achtseitige, fünfgeschossige Treppenturm mit dem landesherrlichen Wappen der vereinigten Herzogtümer Jülich-Kleve-Berg und dem Stadtwappen, dem Bergischen Löwen mit dem Anker. Wohl bei einem Umbau 1749 unter Johann Joseph Couven, einem berühmten deutschen Architekten des Barocks und des Rokoko, kam die Figur der Justitia in der Nische über den Wappen hinzu. Im Zweiten Weltkrieg schwer zerstört, erfuhr das Alte Rathaus 1958/61 den originalgetreuen Wiederaufbau seiner Fassade. Wichtig für die Düsseldorfer ist der Balkon neben dem Treppenturm: von hier aus erfolgt die Eröffnung des Karnevals.

Nach Westen schließen sich das Neue Rathaus (1888) sowie links daneben das ehemalige Grupello-Haus an. Letzteres war 1708 ein Geschenk Jan Wellems für seinen Hofbildhauer Gabriel de Grupello, der sich mit der Gestaltung des Reiterstandbildes die uneingeschränkte Dankbarkeit des Herrschers erworben hatte.

Wesentlich jünger ist das Gebäude an der südlichen Front (Marktplatz 6). Die gesamte Seite war den Bomben des Zweiten Weltkrieges zum Opfer gefallen. 1952 wurde mit der Neubebauung begonnen, die den Düsseldorfer Architektenstreit wieder aufflammen ließ. Betrachtet man heute das Gebäude, kann man die Aufregung der Nachkriegszeit nicht mehr ganz nachvollziehen. Der viergeschossige Ziegelbau mit seinen Bogengängen wirkt ausgesprochen unaufgeregt, rhythmisch gegliedert und harmonisch. Der »Gießerjunge« von Willi Hoselmann erinnert an den Bengel, der der Legende nach den Guss des Jan-Wellem-Denkmals gerettet haben soll.

Die vereinigten **Herzogtümer Jülich-Kleve-Berg** waren 1510 durch Verheiratung des Herzogs Johann III. von Kleve mit Maria von Jülich-Berg entstanden. Ihr Sohn Wilhelm V., auch genannt der Reiche, regierte bis zu seinem Tod 1592. Ihm folgte sein zweitältester Sohn Johann Wilhelm, der die Regierungsgeschäfte aber wegen geistiger Umnachtung nicht ausüben konnte. Diese übernahmen seine Gattinnen: Jakobe von Baden und nach deren Tod Antonie von Lothringen. Da die Ehen kinderlos geblieben waren, brach 1609 der Jülich-Klevische Erbfolgestreit aus, der 1614 mit dem Schiedsspruch von Xanten beendet wurde. Danach kamen die Herzogtümer Jülich-Berg an den Wittelsbacher Wolfgang Wilhelm von Pfalz-Neuburg.

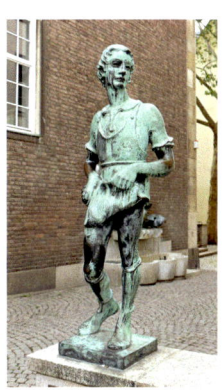

Oben: »Gießerjunge«
Links: Rathaus

3

3 | Haus des Karnevals

Fr 9–12 Uhr

Herkunft und Name des **Hoppeditz** (auch Hoppediz), eine Art Till Eulenspiegel oder Hanswurst, geben Rätsel auf. Am wahrscheinlichsten ist, dass sich der Name aus »Hoppen« für Hüpfen und »Diz« für Knirps zusammensetzt. Er kann aber auch von Hippedoz, aus »Hipp« für Ziege und »Doz« für Murmel, stehen und umgekehrt worden sein, wie alles im Karneval. Am 11.11. jedenfalls, Punkt 11.11 Uhr, erwacht der Hoppeditz in seinem Senftopf und beginnt eine Eröffnungsrede, in der er weder die Stadtväter noch sonstige Honoratioren schont. Am Aschermittwoch wird er unter großem Wehklagen im Garten des Stadtmuseums zu Grabe getragen.

Es ist wohlfeil, als Auswärtiger die im Rheinland als fünfte Jahreszeit bezeichnete Karnevalssaison, den Umzug (»de Zoch«), die Lautstärke und die geradezu kindliche Freude an den Masken, der Prinzengarde und den Büttenreden seltsam zu finden. Aber das ist egal, denn beinahe eine halbe Million Besucher in jedem Jahr findet all das großartig. Das Comitee Düsseldorfer Carneval e. V. mit den mehr als 70 angeschlossenen Vereinen widmet sich ehrenamtlich und mit viel Liebe der Organisation und Durchführung der tollen Tage. Denn Frohsinn ist, wie wir wissen, eine ernste Sache und will wohl vorbereitet sein. In der Zollstraße 9 findet der neugierige Besucher seit 2005 ein kleines feines Museum, das auf drei Etagen Dokumente, Uniformen, Bücher und Orden aus mehr als 60 Jahren Karneval zeigt. Und wer auch außerhalb der fünften Jahreszeit nicht auf die Helau-Rufe verzichten möchte, kann im Medienzentrum Karnevalssitzungen, Umzüge und Interviews mit jecker Prominenz anschauen. Nur wenige Schritte vom Haus des Karnevals entfernt steht seit 2008 das Hoppeditz-Denkmal von Bert Gerresheim.

4 | Burgplatz

Der Platz, nach der im 14. Jahrhundert hier errichteten Burg benannt, hat im Laufe der Jahrhunderte mehrfach seinen Charakter und seine Funktion verändert. Nur wenige Meter entfernt befand sich die Keimzelle der späteren Stadt, ein kleines Fischerdorf, das zur Grafschaft Berg gehörte. 1288 erhielt die Ansiedlung die Stadtrechte. Wahrscheinlich im Zusammenhang mit seiner Erhebung in den Reichsfürstenstand ließ Graf Wilhelm II. von Berg eine Burg erbauen, 1382 erstmalig urkundlich erwähnt. Sie brannte mehrfach ab und wurde verändert wiederaufgebaut, bis sie unter Kurfürst Jan Wellem zu einem prächtigen barocken Residenzschloss gediehen war. Es gab eine Hofoper und eine erlesene Gemäldegalerie. Da Jan Wellem kinderlos starb, übernahm sein jüngerer Bruder die Regierungsgeschäfte, residierte aber in Mannheim. Und auch Jan Wellems Witwe, eine geborene de Medici, verließ die Stadt und ließ sich in Italien nieder. So blieb das Schloss leer, bis es 1794 unter französischem Beschuss in Schutt und Asche zerfiel.

Erst 1845 wurde das Schloss im Stil der Renaissance wiederaufgebaut und diente dem preußischen Provinziallandtag – Düsseldorf befand sich seit 1815 unter

Hoppeditz-Denkmal

preußischer Herrschaft – und der Kunstakademie als Heimstatt. Aber das Schicksal meinte es nicht gut mit dem Schloss, schon 1872 brannte es wieder ab. Die Ursache konnte nie geklärt werden, aber die Stadt gründete daraufhin ihre erste Berufsfeuerwehr. Einzig der Schlossturm blieb erhalten. Die Bombenangriffe des Zweiten Weltkrieges hinterließen auch hier Zerstörungen.

Zugunsten des Autoverkehrs wurde in der Nachkriegszeit parallel zum Burgplatz, am Rheinufer verlaufend, die Bundesstraße 1 gebaut. In den folgenden Jahrzehnten muss es entsetzlich gewesen sein, an manchen Tagen wurden mehr als 40 000 Fahrzeuge gezählt. In den 1980er Jahren kam es zu erbitterten Diskussionen, wie die dem Autoverkehr geopferte Innenstadt wieder lebenswerter werden könnte. Mit der Erbauung des Rheinufertunnels 1990/93 war der Weg frei für eine Neugestaltung des Burgplatzes, die 1995 abgeschlossen war und als Rückkehr der Stadt an den Rhein gefeiert wurde. Heute ist der Platz eine Fußgängerzone und beliebter Veranstaltungsort, dessen Treppenstufen zum Rhein hinunter allabendlich dicht belagert sind, wenn die Sonne am gegenüberliegenden Ufer dramatisch untergeht.

5 | Schlossturm

SchifffahrtMuseum Di–So 11–18 Uhr

In dem vom Schloss erhaltenen Turm ist seit 1984 das SchifffahrtMuseum untergebracht. Anhand von Texten, Bildern, Schiffsmodellen und Werkzeugen wird auf spannende und unterhaltsame Weise die Geschichte nicht nur der Düsseldorfer Rheinschifffahrt erzählt; im Kellergeschoss kann man in die Vergangenheit des Düsseldorfer Schlosses eintauchen. Die vor dem Schlossturm eingelassene Tafel erinnert an Jakobe von Baden, die, nachdem ihr Gatte Johann Wilhelm I. dem Wahnsinn verfallen war, gegen den Willen des Hofes die Staatsgeschäfte selbst übernahm, auf ungeklärte Weise zu Tode kam und seitdem im Turm gespukt haben soll. Auch Heinrich Heine erinnerte sich gern an das wohlige Grauen, das er als Kind bei dem Gedanken an die »schwarzseidene Dame« empfunden hatte.

Düsseldorfer Kunstsammlung

Die über 100 000 Gemälde, Skulpturen, kunstgewerbliche und Glasobjekte umfassende Sammlung gelangte infolge eines Gebietstausches zwischen Bayern und Frankreich nach München. Als die Herrschaft des Hauses Wittelsbach über Düsseldorf 1805 mit dem Vertrag von Schönbrunn endete, ließ Kurfürst Maximilian Joseph den größten Teil der Gemäldesammlung aus der Stadt bringen. Gegen diesen widerrechtlichen Akt – die Sammlung war Staatseigentum des Herzogtums Jülich-Berg – protestierte Düsseldorf noch 1866. Da gehörte Bayern zu den Verlierern des Deutschen Krieges. Aber die Siegermacht Preußen erachtete andere bayerische Zugeständnisse für wichtiger, und so musste Düsseldorf für immer verzichten.

6 | Radschlägerbrunnen

Das Radschlagen, dem der Bildhauer Alfred Zschorsch 1954 den Brunnen widmete, hat in Düsseldorf eine lange Tradition. Oft konnte man seit der Mitte des 19. Jahrhunderts Kinder sehen, die für ein kleines Almosen vor den amüsierten Gästen der Stadt Rad schlugen. Natürlich ranken sich auch verschiedene Legenden um den Brauch. So soll bereits Graf Adolf von Berg 1288 jedem Rad schlagenden Kind einen Pfennig versprochen haben – warum, weiß keiner so recht –, und es soll einen Knaben gegeben haben, der ein zerbrochenes Rad der Kutsche von Jan Wellem mit seinem Körper stabilisieren wollte. Seit 1937 gibt es ein Stadtsparkassen-Radschlägerturnier, an dem alljährlich mehr als 400 Kinder teilnehmen, seit 1971 auch Mädchen. Dabei müssen, je nach Alter, Strecken von 15 und 20 Metern möglichst schnell zurückgelegt werden. Wer die Übung lange nicht mehr probiert hat, sollte von einem Test in der Öffentlichkeit absehen. Aber nicht nur hier findet man die radschlagenden Kinder, sondern auch am Türklopfer der Sakristei von St. Lambertus. Und es ist heute mehr als »eene Pennig« daran zu verdienen, wie die unterschiedlichsten Andenken, geschmückt mit dem Radschläger-Motiv, beweisen.

Die **Tourist-Information Düsseldorf** (www.duesseldorf-tourismus.de) bietet zahlreiche Themenrundgänge und -fahrten an. Es gilt, das urbane Leben der Stadt mit aufsehenerregender Kunst im öffentlichen Raum oder den Medienhafen mit seinen architektonischen Highlights zu entdecken, Little Tokio und die Spuren des Altbiers sowie die U-Bahn-Stationen der 2016 eröffneten Wehrhahn-Linie. Lohnend ist zudem das Kombi-Ticket für alle Kunstmuseen, das ebenfalls in der Tourist-Information erworben werden kann.

7 | Stadterhebungsmoment

Es ist auf den ersten Blick eine recht verworrene Ansammlung von Bronzeteilen, die der Bildhauer und Pankok-Schüler Bert Gerresheim anlässlich des 700. Stadtjubiläums 1988 unter dem Titel »Stadterhebungsmoment« aufgebaut hat. Aber wie in einem Buch kann man von links nach rechts lesen und erhält Klarheit. Dargestellt ist der Moment des Kampfes der Einwohner Düsseldorfs und der Soldaten von Graf Adolf V. von Berg gegen die Truppen des Kölner Erzbischofs Siegfried von Westerburg um die Herrschaft über die Ansiedlung im Jahr 1288. Man erblickt aufgerissene Pferdemäuler, Rüstungen und Waffen aller Art. Auch der Tod ist vertreten, als verhüllter Knochenritter, einem Zitat aus dem »Totentanz« von Alfred Rethel, und als die vier apokalyptischen Reiter. Der mittlere Teil ist der Urkunde gewidmet, in der der Graf den Bürgern die Stadtrechte verlieh. Darüber thront die Lippische Rose, flankiert vom Wappentier des Hauses Berg, dem Bergischen Löwen. Muscheln, Rheinfische und Flaschen mit Altbier verweisen auf die typischen Produkte, mit denen nach der Verleihung des Marktrechts in Düsseldorf gehandelt werden durfte.

Düsseldorf hat seinen Namen natürlich von dem Fluss, der durch die Stadt fließt, der Düssel. Schon die Neandertaler siedelten vor 40 000 Jahren an ihren Ufern, germanische und fränkische Stämme folgten. Erstmals urkundlich erwähnt wurde »Thusseldorp« 1135. »Dorp« ist die niederdeutsche Form des hochdeutschen Wortes Dorf. Der Name der Düssel, bereits 1065 als »Tussale« erwähnt, leitet sich aus dem alten germanischen Wort »thusala« ab, das wir heute noch als »tosen« kennen. Düsseldorf ist also ein Dorf an einem tosenden Fluss.

8 | St. Lambertus

Di–So 11–18.30 Uhr

Die Lambertuskirche mit ihrem in sich verdrehten Turm ist aus der Rheinsilhouette der Altstadt nicht wegzudenken. Die Grote Kerk, wie die Düsseldorfer sie liebevoll nennen, hatte eine kleine, dem Hl. Lambertus gewidmete Kirche als Vorgängerin, aber spätestens mit der Erhebung zur Stadt 1288 genügte sie nicht mehr. Graf Adolf V. von Berg erhielt zudem von Papst Nikolaus IV. die Genehmigung, die Pfarrkirche in ein Kanonikerstift umzuwandeln. Wann jedoch das bis heute erhaltene Bauwerk errichtet worden ist, weiß man nicht genau. Einen ersten Bauabschnitt kann man in den Jahren zwischen 1288 und 1350 als gesichert ansehen. Aus dieser Zeit stammen die unteren Geschosse des Westturms, das sich anschließende westliche Mittelschiffjoch und der Chor. Waren die ersten Grafen von Berg noch Teilnehmer der Kreuzzüge ins Heilige Land gewesen, wo sie bedeutende Reliquien erbeuteten, machte es sich Graf Wilhelm I. um das Jahr 1300 einfacher, er kaufte sie einfach: u.a. die Gebeine des Hl. Apollinaris, das Gnadenbild »Unsere liebe Frau vor der Portze« oder das Kopfreliquiar des Hl. Vitalis, das auch heute noch zum Kirchenschatz zählt. Für den über 130 Kostbarkeiten zählenden Schatz brauchte es natürlich eine neue größere Kirche. Etwa ab 1370 kam es zu größeren Umbauten, nun im Stile der Gotik. 1394 erfolgte die Weihe der neuen Kirche zu Ehren der Gottesmutter Maria; der Hl. Lambertus wurde nur zum Nebenpatron gewählt.

1803 wurde das Stift aufgelöst und aus der Kirche der Kanoniker wieder die Pfarrkirche zum Hl. Lambertus. Im Januar 1815 kam es nach einem Blitzeinschlag im Kirchturm beinahe zu einer Feuerkatastrophe. Dem Einsatz eines mutigen Schlossermeisters ist es zu verdanken, dass das Feuer auf den Turm beschränkt blieb. Die Wiederinstandsetzung erfolgte nach einem klassizistischen Entwurf des Architekten Adolph von Vagedes. Beim Bau der Schieferpyramide wurde aber frisches Holz verwendet, was bei der Trocknung zu Spannungen im Gebälk und der charakteristischen Drehung der Turmspitze führte.

Im Zweiten Weltkrieg mehrfach von Bomben getroffen und 1945 zudem bei der Sprengung der Rheinbrü-

Um den **Hl. Apollinaris** ranken sich viele Legenden. Eine besagt, er sei von Petrus selbst als Bischof von Ravenna eingesetzt, von Heiden gefangen genommen und nach schrecklicher Folter getötet worden. Seine Reliquien kamen auf ungeklärten Wegen von Ravenna nach Remagen und wurden im Laufe eines Streites zwischen dem Grafen Wilhelm I. von Berg und dem Bischof von Siegburg aufgeteilt. Der Kopf verblieb auf dem Apollinarisberg in Remagen, ein großer Teil kam nach Düsseldorf, wo der Heilige seit 1394 als Schutzpatron der Stadt an jedem 23. Juli in einer großen Prozession und der größten Kirmes am Rhein geehrt wird.

Bronzeportal von Ewald Mataré

cke stark beschädigt, wurde das Kircheninnere 1956 wiederaufgebaut. 1964 erhielt St. Lambertus ein neues Westportal, und 1982 beendete man die umfassende Instandsetzung des Backsteinmauerwerks. 1974 erhob Papst Paul VI. die Kirche in den ehrenvollen Stand einer Basilica minor.

St. Lambertus ist eine dreischiffige Hallenkirche mit einem Chor samt Umgang und einem fünfgeschossigen Westturm aus Backstein. Alle drei Schiffe werden von je einem Kreuzrippengewölbe überspannt und sind von gleicher Breite. Beim Rundgang durch die Kirche ist eine Vielzahl von bedeutenden Kunstwerken aus sieben Jahrhunderten zu entdecken. Neben dem barocken Hochaltar aus dem 18. Jahrhundert besticht das Gnadenbild »Maria vom Siege« (»Unsere liebe Frau vor der Portze«, 1100) am linken Triumphbogenpfeiler durch seine schlichte, ergreifende Schönheit. An der Stelle des einstigen Lettners birgt der Altar den um 1655 geschaffenen Schrein aus Kupfer und Silberblech mit den Gebeinen des Hl. Apollinaris, der als Schutzpatron der Stadt verehrt wird. Von den vielen Grabplatten verdient besonders das Grab Wilhelms V., genannt der Reiche, am Scheitel des Chorumgangs Beachtung. 1595/99 schuf es der Kölner Bildhauer Gerhard Scheben aus schwarzem und farbigem Marmor. Hinter den von Löwen flankierten Stufen ruht die Figur des Herzogs in voller Rüstung. Unter dem Grabmal sind in der Fürstengruft verschiedene Mitglieder des Hauses von Berg beigesetzt. Hoch ragt am nordöstlichen Pfeiler des Chores das Sakramentshaus auf, eine wundervolle Steinmetzarbeit vom Ende des 15. Jahrhunderts. Wilhelm II. und seine Ehefrau Elisabeth von Nassau stifteten das sandsteinerne Kunstwerk, das zu den ältesten und bedeutendsten im Rheinland zählt.

Hinzuweisen ist auch auf die beiden Orgeln, zwei moderne Instrumente der österreichischen Orgelbaufirma Rieger, die in ihrem Klangbild dem des französisch-romantischen Orgelbaus des 19. Jahrhunderts entsprechen. Die Chororgel im barocken Prospekt mit 22 Registern wird vom Chorraum aus gespielt. Hier kann der Organist zusätzlich die Turmorgel bedienen.

Oberhalb der Sakristei, im einstigen Kapitelsaal der Stiftskirche, kann man im Rahmen von Führungen den Kirchenschatz besichtigen. Zu diesem gehören neben

Grab Wilhelms V.

Der erste **Bombenangriff** auf Düsseldorf wurde im Mai 1940 von neun britischen Bombern auf Wohnviertel wie Friedrichstadt und Oberbilk geflogen. Nach dem schwersten Angriff zu Pfingsten 1943 verbrannten über 40 Quadratkilometer Stadtgebiet, 600 Menschen wurden getötet, 3000 verletzt – die Bergungskräfte konnten nur mit Alkohol ihre Arbeit bewältigen. Die Stadt erlitt als »Schreibtisch des Ruhrgebiets« insgesamt 243 Luftangriffe, davon neun schwere, dazu siebenwöchigen Artilleriebeschuss. Zuletzt wurden am 3. März 1945 alle vier Rheinbrücken gesprengt. Nur etwa 7 Prozent der Bausubstanz blieben ohne Schäden, die Stadtbevölkerung war von über 535 000 Einwohnern auf die Hälfte reduziert.

Altar der Josephskapelle

dem überaus kostbaren Kopfreliquiar des Hl. Vitalis, einem bronzenen Meisterstück, das um 1170 in Aachen gefertigt wurde, liturgische Gerätschaften und wertvolle Gewänder – aber auch der Zylinder des Schlossermeisters Josef Wimmer, der 1815 die brennenden Balken absägte und so Kirche und Stadt vor der Vernichtung durch die Flammen rettete.

9 | Josephskapelle

Über den Stiftsplatz gelangt man zur Josephskapelle. Der Stiftsplatz, der von 1303 bis 1815 als Friedhof diente, ist einer der ältesten und idyllischsten Plätze der Stadt. Die Josephskapelle, ein barocker kreuzförmiger Backsteinbau, entstand um 1716 nach Plänen des Hofarchitekten Matteo Alberti. Zunächst diente sie als Klosterkirche der Karmelitinnen. Die flache Mittelkuppel und das Tonnengewölbe wurden 1995 in barocker Manier durch den österreichischen Maler Wolfram Köberl ausgemalt. In der Kapelle, die das Grab der Mystikerin und Nonne Émilie Schneider birgt, erklingt eine spätbarocke Orgel des Orgelbauers Samuel Green, deren Gehäuse aus Mahagoni gefertigt ist.

10 | Lieferhaus

»Pinte« Di–Sa ab 15 Uhr

Das Lieferhaus (auch Lewenhaus) in der Liefergasse 9 ist das älteste Gebäude der Stadt, sagt man, obwohl das so nicht stimmt. Denn seine äußere Gestalt erhielt es bei einem neogotischen Umbau im Jahre 1881. Dennoch fanden sich bei archäologischen Untersuchungen unter dem Haus die Reste der Stadtmauer aus dem 13. Jahrhundert, als Düsseldorf noch ein Dörfchen mit den Ausmaßen von etwa sechs Fußballfeldern war. So könnte es ein Eckturm der einstigen Stadtbefestigung gewesen sein. Was in dem Haus stattfand, weiß man nicht mehr genau, vermutet aber, dass hier die gräfliche Oberkellerei, also eine Art mittelalterliches Finanzamt, den Zehnten eines jeden Bürgers entgegennahm und lagerte. Für die Herkunft des Namens gibt es mehrere Erklärungen: so könnte der Name Lewenhaus vom einstigen Hausschmuck, dem Bergischen Löwen, der früheren Nähe zu einer Marienkapelle, der »Leewen Fru«, oder auch vom Verb »leweren« stammen, das »liefern« bedeutet. Heute kann man in der Kneipe mit dem schönen Namen »Pinte« Düsseldorfer Schlösser Alt genießen.

Altbier ist ein obergäriges Bier, das vor allem am Niederrhein und in Westfalen gebraut wird. Etwa seit 1900, mit dem Aufkommen neuer Kühltechniken, konnten helle untergärige Biere gebraut werden. Das Altbier bezeichnete fortan Biere traditioneller Brauart. Der Magnesium-Gehalt von Altbier schützt vor Herzinfarkt und mindert das Schlaganfallrisiko, sein Kalium-Gehalt senkt den Blutdruck, der Hopfen beruhigt, und Galle und Nieren werden gründlich gespült – es ist also eine rundum gesunde Angelegenheit. Allein sechs Brauereien in Düsseldorf brauen heute Altbier. Gerüchte gehen um, dass Düsseldorfern, die Kölsch getrunken haben, die Hand abgefallen sein soll…

Haus »Zum schwarzen Horn«

11 | Ratinger Straße

Der **Ratinger Hof** (Nr. 10) war eine gemütliche Kneipe mit Sternchenhimmel. Mit seiner Renovierung 1975 kamen neue Gäste: Rocker, Hippies, Künstler der Kunstakademie. Junge Bands wie Fehlfarben, Die Krupps oder ZK (später Die Toten Hosen) probten in den Kellerräumen, Sigmar Polke und Jörg Immendorff zählten zu den Gästen. Unzählige Legenden ranken sich um das »als ein Drecksloch zu bezeichnende Unikum«. Noch heute wird gern an die Performance von Minus Delta t erinnert, bei der der Hof unter Wasser gesetzt, Mehl verschüttet und mit Schlachterabfällen geworfen wurde.

Der Name des schlichten verputzten Hauses »Zum schwarzen Horn« (Nr. 6) geht auf die Besitzerfamilie zurück, die das Haus um 1500 erworben hatte. Ein Familienmitglied trug aus unerfindlichen Gründen den Namen Schwarzhorn. Bedeutsam ist das Gebäude aber aus einem anderen Grund: bis etwa 1560 diente es als Rathaus der Stadt. Wirklich zum Leben erwacht die Ratinger Straße erst am Abend. Kneipe reiht sich an Kneipe, die Namen tragen wie »Im Füchschen«, »Zur Uel«, »Ohme Jupp« oder »Zum goldenen Einhorn«. Als die Kneipen noch rauchgeschwärzte vertäfelte Wände hatten, trafen sich hier die Studenten und Professoren der nahegelegenen Kunstakademie, wie Joseph Beuys, der es liebte, die Papierservietten des »Goldenen Einhorns« vollzukritzeln. Heute ist an lauwarmen Abenden kaum ein Durchkommen, Schüler und Lehrlinge treffen sich und bringen aus Gründen der Ersparnis oft lieber ihr Bier von einem der Kioske mit. Kunstinteressierte können noch einen kurzen Abstecher zum östlichen Ende der Ratinger Straße machen und die beiden klassizistischen Zollhäuser (Adolph von Vagedes, 1811) besichtigen, die gemeinsam das Ratinger Tor bilden.

12 | K 20 – Kunstsammlung Nordrhein-Westfalen

Di–Fr 10–18 Uhr, Sa/So 11–18 Uhr,
1. Mi im Monat 10–22 Uhr (Eintritt ab 18 Uhr frei)

Ihren Namen trägt die Kunstsammlung, weil ihr Sammlungs- und Ausstellungsschwerpunkt auf der Kunst des 20. Jahrhunderts liegt, in Abgrenzung zur Sammlung K 21 im Ständehaus (siehe Nr. 25). Das Gebäude, erbaut nach Plänen des Kopenhagener Architekturbüros Dissing & Weitling, erinnert an einen überdimensionalen Konzertflügel – elegant schwingt die Fassade zum Grabbeplatz hin, scharf geht sie in eine glatte Wandfläche an der Heinrich-Heine-Allee über. Im Inneren besticht der Bau durch seine großzügige, zwölf Meter hohe Eingangshalle und das Tageslicht, das durch das Sheddach alle Räume beleuchtet. 1986 wurde das Museum mit 88 Werken des Malers **Paul Klee** eröffnet, die es aus amerikanischem Privatbesitz erworben hatte. Darüber hinaus beherbergt das Museum Werke renommierter Künstler des 20. Jahrhunderts wie Henri Matisse, Pablo Picasso und Wassily Kandinsky, aber auch berühmter Düsseldorfer wie Joseph Beuys und Jörg Immendorff.

Paul Klee
1879–1940, Maler und Grafiker. 1931 wurde Klee aus Dessau als Professor an die Kunstakademie nach Düsseldorf berufen. Er hoffte, hier mehr Zeit für seine eigenen Arbeiten zu bekommen und nahm deshalb auch nur vier Schüler an. Wirklich begeistert waren die konservativen Kollegen und die kunstliebenden Honoratioren der Stadt nicht von seiner Berufung, man hielt seine Malerei für »eigentümlich«. Seine Frau Lily blieb vorerst in Dessau, sodass Klee in Untermietzimmern gar seine Wäsche selbst waschen musste. Am 31. Dezember 1933 kündigte man ihm, woraufhin das Ehepaar in die Schweiz emigrierte.

13 | Kunsthalle

Di–So 11–18 Uhr

Ein schönes Beispiel für den Brutalismus in Düsseldorf ist die Kunsthalle, 1964/67 erbaut von den Architekten Brockes und Beckmann. Brutalismus hat übrigens nichts mit dem Wort »brutal« zu tun, sondern beschreibt die Ehrlichkeit, mit der der rohe Beton (französisch »béton brut«) ohne eine Verkleidung in seiner Konstruktion zu erkennen bleibt. Dennoch wirkt der Bau, der die alte, 1878/81 errichtete Kunsthalle ersetzt, am Grabbeplatz fremd. Einzig vier Karyatiden (Wilhelm Albermann, 1881), die einst die Fassade der alten Kunsthalle zierten, sind übriggeblieben und stehen heute an der Seiten-front. Einen Hauch Anarchismus in der Betonfassade kann man am Kay-und-Lore-Lorentz-Platz entdecken: das 1981 von Joseph Beuys installierte Ofenrohr. Im Inne-ren zeigt die Kunsthalle ständig wechselnde Ausstellun-gen zeitgenössischer Kunst. Sie beherbergt zudem eine Filiale der Buchhandlung Walther König und den Kunst-verein für die Rheinlande und Westfalen; im hinteren Bereich empfängt das Düsseldorfer »Kom(m)ödchen« seine Zuschauer.

14 | St. Andreas

Mo–Sa 7.30–18.30 Uhr, So 8.30–19 Uhr,
Führungen Kirche und Mausoleum: 1. Mi im Monat
16 Uhr, Schatzkammer: 3. Mi im Monat 16 Uhr

Ein Jahr nach Beginn des Dreißigjährigen Krieges, der Düsseldorf nicht unmittelbar heimsuchte, gestattete Herzog Wolfgang Wilhelm von Pfalz-Neuburg die Niederlassung des Jesuitenordens in der Stadt und erwarb für das Kolleg ein Grundstück. 1622 konnte der Grundstein für eine neue Kirche gelegt werden, die nach nur siebenjähriger Bauzeit geweiht wurde. Von Anfang an diente sie auch als Hofkirche. Nach Auflösung des Jesuitenordens 1773 betreute dieser die Kirche zunächst weiter. 1842 wurde St. Andreas Pfarrkirche.

Der Bau, dessen Ausführung vermutlich von dem italienischen Architekten Antonio Serro geleitet wurde, orientiert sich stark an römischer Fassadengestaltung und zeigt beinahe keine Schmuckelemente. Dafür beeindrucken auch heute noch die mit einem kräftigen Gelb verputzten Wände, die zusammen mit den hellgrauen Pilastern und dem schwarzen Basalt der Sockel eine in ihrer Umgebung ungewöhnliche farbliche Harmonie ergeben. Bei Bombenangriffen im Zweiten Weltkrieg brannten die Dächer und Turmhelme ab, die Glockenstühle stürzten ein, der Chor und mit ihm der barocke Hochaltar wurden vernichtet. In den Nachkriegsjahren erfolgten die Instandsetzung, 1960 der Einbau eines neuen Hochaltars und bis 1971 eine umfassende Restaurierung. 1972 übernahm der Dominikanerorden die Kirche.

St. Andreas ist ein herausragendes Beispiel der ausgehenden Renaissance und des Frühbarocks. In ihrer Gestalt als dreischiffige Hallenkirche mit Kreuzgewölbe, Empore und einem dreiseitigen Chor folgt sie ihrem architektonischen Vorbild, der Neuburger Hofkirche. Mächtige Pfeiler trennen die Schiffe voneinander. Eine breite Treppe führt zur Empore und den Schatzkammern mit wertvollen Silberobjekten und barocken Textilien. Fünf Joche misst das Mittelschiff, das in den zweijochigen Chorraum mündet. Dieser wird von dem 1960 gefertigten modernen Hochaltar von Ewald Mataré beherrscht. Durch die »Räume der Begegnung« kommt man in das 1717 von Hofbaumeister Simon Sarto erbaute Mausoleum, einen von einem zierlichen Turm bekrönten zwölfeckigen Bau, der, ebenfalls im Zweiten Weltkrieg beschädigt, von Mataré neugestaltet wurde. Neben dem des Erbauers von St. Andreas, Pfalzgraf Wolfgang Wilhelm, haben hier die Särge von sieben weiteren Mitgliedern der Familie Pfalz-Neuburg Aufstellung gefunden, deren prächtigster der von Kurfürst Jan Wellem ist.

Beim Rundgang durch die Kirche sollte man der in zarten Farben bemalten Kanzel Beachtung schenken, einem barocken Kleinod mit den vier Evangelisten am Treppenaufgang und dem Hl. Michael im Kampf mit dem Teufel auf dem Schalldeckel. Die meisterhaft aus Gips und Kalk geformten Stuckaturen an der Kirchendecke zeigen lebendige Szenen des Alten und Neuen Testaments sowie Heiligenfiguren. Die Schlusssteine, in denen die Kreuzrippen des Gewölbes enden, nennen abwechselnd die Namen von Maria und Jesus; das Christogramm IHS mit dem von drei Nägeln durchbohrten Herz ist gleichzeitig das Symbol des Jesuitenordens. Die heutige Orgel mit 3480 Pfeifen wurde 1971 von der Hamburger Orgelbaufirma Rudolf von Beckerath erbaut und in das barocke Originalgehäuse eingesetzt. Sie erklingt allwöchentlich 16 Uhr in der Konzertreihe »Die Sonntagsorgel in St. Andreas«.

Ewald Mataré
1887–1965, Bildhauer, Maler und Grafiker. Nach dem Studium an der Akademie der Bildenden Künste in Berlin und erster öffentlicher Anerkennung erhielt er 1932 eine Berufung an die Düsseldorfer Kunstakademie, wurde aber schon im Jahr darauf wieder entlassen. Die Jahre bis 1945, die er in der inneren Emigration verlebte, finanzierte er mit kirchlichen Aufträgen. 1946 übernahm Mataré eine Bildhauerklasse an der Düsseldorfer Kunstakademie. Zu seinen Schülern zählte u.a. Joseph Beuys. Mataré gilt als Vertreter der Klassischen Moderne zu den herausragenden Schöpfern sakraler Kunst (darunter Portale für den Kölner und Salzburger Dom, Fenster im Aachener Dom) wie auch als Meister der Tierskulptur.

15 | Deutsche Oper am Rhein

Spielplan und Tickets unter www.operamrhein.de

Die Deutsche Oper am Rhein ist eine Theatergemeinschaft der beiden Städte Düsseldorf und Duisburg mit zwei großen Bühnen, zwei Orchestern und einem der größten Ensembles der Bundesrepublik. Das Theater Düsseldorf entstand 1873/75 nach Plänen des sächsischen Architekten Ernst Giese im Stil der Neorenaissance. 1921 entschied die Stadt Düsseldorf, das Haus als reines Opernhaus weiterarbeiten zu lassen.

Seit 1929 wirkte hier der ukrainische Dirigent Jascha Horenstein, ein ausgezeichneter Bruckner- und Mahler-Interpret, als Musikdirektor. Aber spätestens im Rahmen der Feierlichkeiten zu Wagners 50. Todestag, im Februar 1933, wurden Stimmen laut, die sich empört darüber äußerten, wie unerhört es sei, dass ein jüdischer Dirigent die »Weihestunde« verunglimpft habe. Horensteins letztes Dirigat in Düsseldorf, Beethovens »Fidelio«, wurde von der SA gestört, die daraufhin beim Oberbürgermeister seine sofortige Absetzung durchsetzte. Über Paris gelang Horenstein die Flucht in die USA. Erste Bombardierungen Düsseldorfs im Zweiten

Weltkrieg erforderten eine schnelle Wiederherstellung des Hauses, denn nach Anweisung der Reichstheaterkammer sollte der Spielbetrieb um jeden Preis weitergeführt werden. Als 1944 die Bombardierungen nahezu ohne Pause erfolgten, evakuierte die Stadt die Oper nach Prag, wo an der einstigen Deutschen Oper und am Ständetheater bis zum Kriegsende weitergespielt wurde. Inzwischen schwer beschädigt, erfuhr das Opernhaus in der Mitte der 1950er Jahre seinen Wiederaufbau. Der alte Zuschauerraum wurde abgebrochen und unter den Architekten Julius Schulte-Frohlinde, Paul Bonatz und Ernst Huhn ein Neubau in Angriff genommen. 1956 fand die Wiedereröffnung des Hauses mit Beethovens »Fidelio« statt – und auch die Zusammenarbeit mit Duisburg wurde wieder aufgenommen.

Mittlerweile denkmalgeschützt, erfuhr die Deutsche Oper am Rhein 2007–2011 eine umfassende Sanierung, mit der eine verbesserte Raumakustik und ein deutlich homogenerer Klang im Saal erzeugt wurden. Über 580 Mitarbeiter aus 35 Nationen zählt die Belegschaft des Hauses, das leider so marode ist, dass nun entschieden werden muss, ob in den nächsten Jahren saniert oder gar abgerissen wird.

Grabbe-Denkmal an der Landskrone

Felix Mendelssohn Bartholdy

1809–1847, Komponist und Kapellmeister. Im Mai 1833 dirigierte Mendelssohn Bartholdy beim Niederrheinischen Musikfest so glücklich, dass er von der Stelle weg zum Musikdirektor von Düsseldorf ernannt wurde. Für die Stadt war Mendelssohn ein Glücksgriff, seine eigene künstlerische Entwicklung sah er jedoch gehemmt. In der Schadowstraße 30, sieben Minuten zu Fuß von der Deutschen Oper am Rhein entfernt, lebte Mendelssohn, bis er 1835 Düsseldorf verließ, um in Leipzig die Stelle des Gewandhauskapellmeisters anzutreten.

Rechts: Mendelssohn-Denkmal
Unten: Kriegerdenkmal

Unmittelbar an die Deutsche Oper am Rhein schließt sich das über 27 Hektar große Areal des Hofgartens an, das seit 1998 unter Denkmalschutz steht. Gleich zu Beginn kommt man an dem Standbild **Felix Mendelssohn Bartholdys** vorbei. 1901 aus Spenden Düsseldorfer Bürger von Clemens Buscher gegossen, galt es seit 1933 als Ärgernis im Stadtbild. Der »Vollblutjude« Mendelssohn musste aus dem Musikleben und der Öffentlichkeit verbannt werden. Deshalb schob der städtische Beirat für Kunst und Wissenschaft 1936 konservatorische Gründe vor, um das Standbild zu entfernen und vier Jahre später als Metallspende für Rüstungszwecke einzuschmelzen. Erst 2012 kehrte Mendelssohn als Replik nach einem Gipsmodell des Originals wieder nach Düsseldorf zurück. Es folgen die Büste Christian Dietrich Grabbes und das an eine Totenmaske erinnernde Denkmal Robert Schumanns. Wendet man sich an der Goldenen Brücke nach rechts, erblickt man das Denkmal für die Gefallenen im Deutsch-Französischen Krieg (Karl Hilger) und das Standbild von Peter von Cornelius (Adolf von Donndorf). Überquert man die Brücke, gelangt man zum Märchenbrunnen des französischen Bildhauers Max Blondat.

17 | Neanderkirche

Sa/So und zu den Gottesdiensten geöffnet
Orgelkonzerte Juni–Sep.: Mi 18.30 Uhr

Im Sommer versteckt hinter den Schirmen eines Biergartens, ragt der schmale Turm der Neanderkirche empor. Kurfürst Wolfgang Wilhelm von der Pfalz zeigte sich in Religionsfragen zunächst tolerant und gestattete der kleinen reformierten Gemeinde Düsseldorfs den Bau eines Predigerhauses. Aber 1614 verkündete er feierlich seinen Übertritt zum Katholizismus und verbot daraufhin jede Religionsausübung außerhalb der alleinseligmachenden katholischen Kirche. Erst sein Enkel, Jan Wellem, erlaubte den Protestanten, eine Kirche zu bauen – verfügte aber gleichzeitig, dass diese nicht von der Straße aus zu sehen sein dürfe. 1683 begannen die Bauarbeiten, sozusagen in der zweiten Reihe, und im Jahr darauf erfolgte die Weihe. Erst seitdem im Zweiten Weltkrieg die davorstehenden Häuser zerstört wurden, kann man sie von der Straße aus sehen.

Wie in allen reformierten Kirchen findet man keine Bilder und kein Kruzifix. Im Zentrum steht der Kanzelaltar (um 1688). Im Gegensatz zu sonstigem barocken

Die etwa 100 Meter lange **Schneider-Wibbel-Gasse**, auch »Heizpilzgasse« genannt, zieht vor allem wegen der spanischen Gastronomie die Touristen in Scharen an. Ihren Namen hat sie von der gleichnamigen Figur eines Schauspiels von Hans Müller-Schlösser (1912). Zur Uraufführung in Düsseldorf spielte wahrscheinlich der am Schauspielhaus verpflichtete Ret Marut (d.i. B. Traven) eine Nebenrolle. Das Drama kam unzählige Male auf die Bühne und wurde achtmal verfilmt. In der Gasse ertönt fünfmal täglich eine Spieluhr, zu deren Klang der Meister erscheint. Eine Büste, Szenen aus dem Drama und eine Schneider-Wibbel-Statue schmücken die Gasse.

Prunk zeigt sich die Neanderkirche mit ihren zweige-schossigen Emporen in schlichter Eleganz. Benannt wurde sie 1916 nach Joachim Neander, dem Kirchenliedkomponisten, dessen bekanntester Choral »Lobe den Herren« ist. Nach ihm wurde das durch die ersten aufgefundenen Skelettteile von Urmenschen bekannt gewordene Tal in der Nähe von Düsseldorf benannt, und auch die Neandertaler verdanken ihm so ihren Namen.

18 | Heine Haus Literaturhaus Düsseldorf

Programm unter www.heinehaus.de

Im Hinterhaus der Bolkerstraße 53 wurde (höchstwahrscheinlich) im Jahr 1797 der Dichter und Journalist Heinrich Heine als erster Sohn des jüdischen Tuchhändlers Samson Heine geboren. Nach einem englischen Geschäftsfreund nannte man ihn Harry – den Namen Heinrich legte er sich erst mit seiner Immatrikulation an der Universität in Göttingen 1820 zu, um seine jüdische Herkunft zu verbergen. 1809 erwarb Samson Heine das gegenüberliegende Haus (Nr. 42). Von der Bolkerstraße aus trat der kleine Harry täglich seinen Schulweg an, zunächst zu einer israelitischen Privatschule, seit 1804 zur städtischen Grundschule an der Max-Kirche und drei Jahre später zum Düsseldorfer Lyzeum, dem heutigen Görres-Gymnasium, das er 1814 ohne Zeugnis verließ. Das war aber kein Mangel, denn, der Familientradition folgend, war für ihn eine kaufmännische Ausbildung vorgesehen, die er 1815 in Frankfurt am Main begann. In seinem Geburtshaus wird man vergeblich nach einem Museum mit Kinderbett und Spielzeug des Dichters suchen. Nicht einmal das Haus selbst sieht man vor sich, denn das wurde im Zweiten Weltkrieg zerstört. Ab 1947 erfolgte der Wiederaufbau, heute steht es unter Denkmalschutz. 1990 erwarb die Landeshauptstadt das Haus, in dem die Literaturhandlung Müller & Böhm, die Stadt und der Förderverein Heinrich Heine e.V. in Partnerschaft das Heine Haus Literaturhaus Düsseldorf mit einem exzellenten literarischen Programm betreiben.

Heines Geburtsdatum

Niemand weiß sicher, wann einer der berühmtesten deutschen Dichter geboren wurde. Alle Familienpapiere sind bei einem Feuer vernichtet worden, und so war man lange Zeit auf Heines eigene, höchst widerspruchliche Aussagen angewiesen. 1819 gab er bei seiner Immatrikulation an der Universität Bonn als Geburtsdatum den 13. Dezember 1799 an; im Promotionsgesuch gar das Jahr 1779; in seiner Heiratsurkunde kann man das Datum 31. Dezember 1799 lesen. In der Mitgliederliste der Pariser Freimaurerloge »Trinosoph« nannte er sich einen am 30. Oktober 1799 geborenen »Docteur en Droit«. Die Wissenschaft geht heute vom 13. Dezember 1797 als dem wahrscheinlichsten Geburtstag aus. Er selber meinte: »Das wichtigste ist, daß ich geboren bin.«

19 | Galeria Kaufhof an der Kö

Leonhard Tietz

1849–1914, Kaufmann. 1879 eröffnete Tietz in Stralsund ein winziges Geschäft für Textilien. Als bedeutendste Neuerung führte er die Barzahlung bei vorher festgelegten Preisen ein. Bis zu seinem Tode richtete er in Köln, Aachen und Düsseldorf große Filialen ein. Dann übernahm sein Sohn Alfred Leonhard Tietz die Geschäfte. 1933 musste er aus dem Vorstand, im Jahr darauf aus dem Aufsichtsrat des Konzerns ausscheiden. Die Aktien sanken im Rahmen der Hetzkampagne gegen jüdisches Eigentum von 300 auf 11 Prozent und wurden so von der Dresdner Bank gekauft. Tietz jun. emigrierte 1933 nach Palästina, wo er 1941 starb.

Es zählt mit Fug und Recht zu den schönsten Kaufhäusern Deutschlands, das 1907/08 im Stile der Reformarchitektur erbaute Warenhaus Tietz. Leonhard Tietz hatte 1906 einen Wettbewerb für ein neu zu errichtendes Warenhaus in Düsseldorf ausgeschrieben, den der österreichische Jugendstilarchitekt Joseph Maria Olbrich, Mitglied der Wiener Secession und Erbauer des berühmten Secessionsgebäudes in Wien, gewann. Die Eröffnung des Warenhauses, das sich zwischen Königsallee und Heinrich-Heine-Allee ausbreitet, konnte Olbrich nicht mehr erleben. Trotz seiner schieren Größe und Masse wirkt der Bau nicht erdrückend. Schmale hohe Fenster, gleichmäßig von Mauerrippen abgetrennt und eingerahmt, elegant geschwungene Giebel und hohe Dachgauben lassen ihn schlank erscheinen. Interessant ist der Übergang von dekorativer zu funktionaler Bauweise. So findet man an der Fassade noch Bauschmuck (Johannes Knubel), darunter Masken, Reliefs und florale Elemente, die aber höchst sparsam angebracht wurden. 1943 brannte das gesamte Kaufhaus bis auf die Umfassungsmauern aus und wurde bis 1953 vereinfacht wiederaufgebaut. 2020 wurde es geschlossen.

20 | Carsch-Haus

Als zu Beginn des 20. Jahrhunderts mehr und mehr der Mittelstand und die gehobenen Gesellschaftsschichten zum Kaufen angeregt werden sollten, hatten dem auch die Architekten von Kaufhäusern Rechnung zu tragen. Besonders nach dem Konjunkturanstieg um 1910 entstanden Geschäftspaläste, die in neuen modernen Bauformen an sich schon Reklame waren. Bereits von der Straße aus, durch breite und gut gestaltete Schaufenster hindurch sollte dem Publikum vor Augen geführt werden, was es im Inneren vorfinden würde. Der jüdische Textilhändler Paul Carsch ließ sich 1913 von dem Architekten Otto Engler ein neues Modehaus errichten, das über eine harmonisch gegliederte, neoklassizistische Sandsteinfassade verfügt. 1915 fand die feierliche Eröffnung statt. Für die Düsseldorfer bürgerte sich der Name Carsch-Haus ein, den auch die Umbenennung in »Modehaus des Westens« nach der Zwangsarisierung nicht verdrängen konnte. Carsch gelang 1939 die Flucht nach Amsterdam, wo er in einem Versteck die Befreiung erleben konnte. Er starb 1951 ohne Entschädigung.

1974 drohte dem Carsch-Haus der Abriss. Grund dafür war der geplante U-Bahn-Bau, dem das Gebäude

Musikpavillon vor dem Carsch-Haus

im Wege stand. Über 2500 Baupläne wurden erstellt, es hagelte Bürgerproteste, bis endlich 1976 der Rheinische Verein für Denkmalpflege eine Umsetzung vorschlug. Über 4800 Steine allein von der Fassade galt es nun zu katalogisieren, zu nummerieren und zu restaurieren. Um etwa 29 Meter versetzt erstand das Carsch-Haus 1983 als Horten-Kaufhaus mit seiner beinahe originalen Fassade neu – mit einem Zugang zur U-Bahn im Untergeschoss. Mittlerweile gibt es einen neuen Eigentümer, der einen Umbau und eine Neueröffnung als Mitglied der KaDeWe-Group plant. Zu hoffen ist, dass der originale Horten-Schriftzug über einem der Eingänge erhalten bleibt, und dass Einigkeit über den Erhalt des beliebten Jugendstil-Musikpavillons erzielt wird, der die Kopie eines 1894 errichteten Musiktempels ist.

21 | Wilhelm-Marx-Haus

Oft wird es als erstes solitäres Hochhaus Deutschlands bezeichnet, aber das ist falsch, denn dieser Rang gebührt dem Zeiss Bau 15 in Jena (1915). Das nach dem Bürgermeister Wilhelm Marx benannte Bürogebäude mit einer Höhe von 57 Metern galt in den 1920er Jahren als das Wahrzeichen der City. Entworfen hatte es der Architekt Wilhelm Kreis nach dem Vorbild der Hochhausbauten New Yorks und Chicagos. In nur zweijähriger Bauzeit entstand 1922/24 ein sechsgeschossiger Winkelbau auf einem kreuzförmigen Grundriss, über den ein zwölfgeschossiger Eckturm ragt. Die Struktur des Gebäudes besteht aus Stahlbeton, verkleidet bis zum zweiten Geschoss mit Muschelkalk, darüber mit Backstein. Die Fensterbänder sind mit Dolomit verblendet. Dem gotischen Backsteinbau entlehnt ist die doppelte Maßwerkgalerie als Turmbekrönung, hinter der sich ein kleiner Helm verbirgt. Im Zweiten Weltkrieg wurde der Turm beschädigt, während die Säle, in denen die Düsseldorfer Börse gearbeitet hatte, der Zerstörung anheim fielen. Nachts erstrahlt heute, von allen Seiten sichtbar, eine rote Leuchtreklame für Persil, das wohl bekannteste Produkt der Düsseldorfer Firma Henkel. Im Stadtbrückchen genannten Innenhof plätschert, umgeben von Cafés, der Musikbrunnen des Bildhauers Joachim Schmettau (1986).

Wilhelm Kreis
1873–1955, Architekt. 1908 wurde Kreis, von der Dresdner Kunstgewerbeschule kommend, als Direktor der Düsseldorfer Kunstgewerbeschule berufen. Nach deren Auflösung 1919 lehrte er an der Kunstakademie. Kreis wurde die zentrale Gestalt des Düsseldorfer Backsteinbaus, so entstanden unter seiner Leitung das Wilhelm-Marx-Haus, das Stummhaus und die Bauten der GeSoLei. Sie zeichnen sich durch Monumentalität und eine vereinfachte Architektursprache aus. 1926 wechselte Kreis an die Kunstakademie Dresden. Obwohl ihm 1933 zunächst mehrere Aufträge entzogen wurden, was mit seiner Arbeit für jüdische Bauherren begründet wurde, nahm er ab 1938 doch eine steile Karriere, die 1943 in der Präsidentschaft der Reichskammer der Bildenden Künste und im Jahr darauf in einem Platz in Hitlers »Gottbegnadetenliste« gipfelte.

22 | Kö

Dass man auf der Königsallee, kurz Kö genannt, kleine und große Vermögen verjubeln kann, ist hinreichend bekannt. Aber warum heißt der 87 Meter breite und knapp einen Kilometer lange Prachtboulevard so? Seinen Namen verdankt er Pferdeäpfeln. Als Düsseldorf von französischen Revolutionstruppen besetzt und die Stadtbefestigung geschleift worden war, konnte anstelle der einstigen Wälle ein Stadtgraben angelegt werden. 1802 begannen der Hofbaumeister Caspar Anton Huschberger und der Landschaftsgärtner Maximilian Friedrich Weyhe mit dem Bau einer Promenade, durchzogen von einem Wasserlauf, der auch heute noch von der Düssel gespeist wird. Zunächst hieß die Promenade Neue Allee, später Mittelallee, dann wegen der üppigen Bepflanzung mit selbigen Kastanienallee. Düsseldorf gehörte seit 1815 zur **Rheinprovinz** Preußens, und im Schloss Jägerhof residierte Prinz Friedrich von Preußen, der den Bewohnern der Stadt mit seiner Hofhaltung das wohlige Gefühl wiedergab, in einer Residenzstadt zu leben. In ihrer Liebe zu den Mythen und der Kultur der Rheinprovinz gehörten er und seine Gattin, Wilhelmine Luise von Anhalt-Bernburg, zu den Begründern des Düsseldorfer Kunst-, Musik- und Theatervereins. 1848 aber kam es auch in Düsseldorf zu revolutionären Erhebungen, und als der preußische König Friedrich Wilhelm IV., verhasst wegen seiner Wankelmütigkeit, dem Prinzen, seinem Cousin, einen Besuch abstatten wollte, wurde er beim Durchfahren der Kastanienallee von einer wütenden Menschenmenge mit Pferdeäpfeln beworfen. Der Prinz verließ empört die Stadt, die Revolution endete kläglich, und im Zuge der Wiederherstellung ihres guten königstreuen Rufes gab die Stadt 1851 der Königsallee ihren heutigen Namen.

Drei Brücken mit kunstvollen schmiedeeisernen Geländern überspannen den Stadtgraben. Im Norden steht gegenüber vom Tritonenbrunnen seit 1905 die »Schlanke Else« oder »Grüne Mathilde« auf dem Corneliusplatz, eine gusseiserne historische Uhrensäule; am südlichen Ende, am Graf-Adolf-Platz, findet man einen bronzenen Bergischen Löwen, das Wappentier des ehemaligen Herzogtums Berg, 1963 zur 675-Jahr-Feier der Stadt gegossen.

Rheinprovinz

Was zunächst nicht ganz freiwillig geschah, nämlich der Erwerb mehrerer Gebiete im Rheinland durch Preußen, die Fürst Metternich auf dem Wiener Kongress dem preußischen König Friedrich Wilhelm III. anstelle des gewünschten Sachsens überließ, erwies sich im Laufe der Zeit als überaus glücklich, lagen doch unter den verschlafenen katholischen Gemeinden und an den sich durch Ackerland schlängelnden Flüssen wie der Ruhr oder der Wupper die größten Kohlevorkommen Europas, die den Brennstoff für Preußens künftige Industrialisierung liefern sollten. Die Rheinprovinz war 1815 gegründet worden, ging aber erst 1822 im preußischen Staat auf und wurde ab 1830 Rheinprovinz genannt. Ihre Auflösung erfolgte 1946.

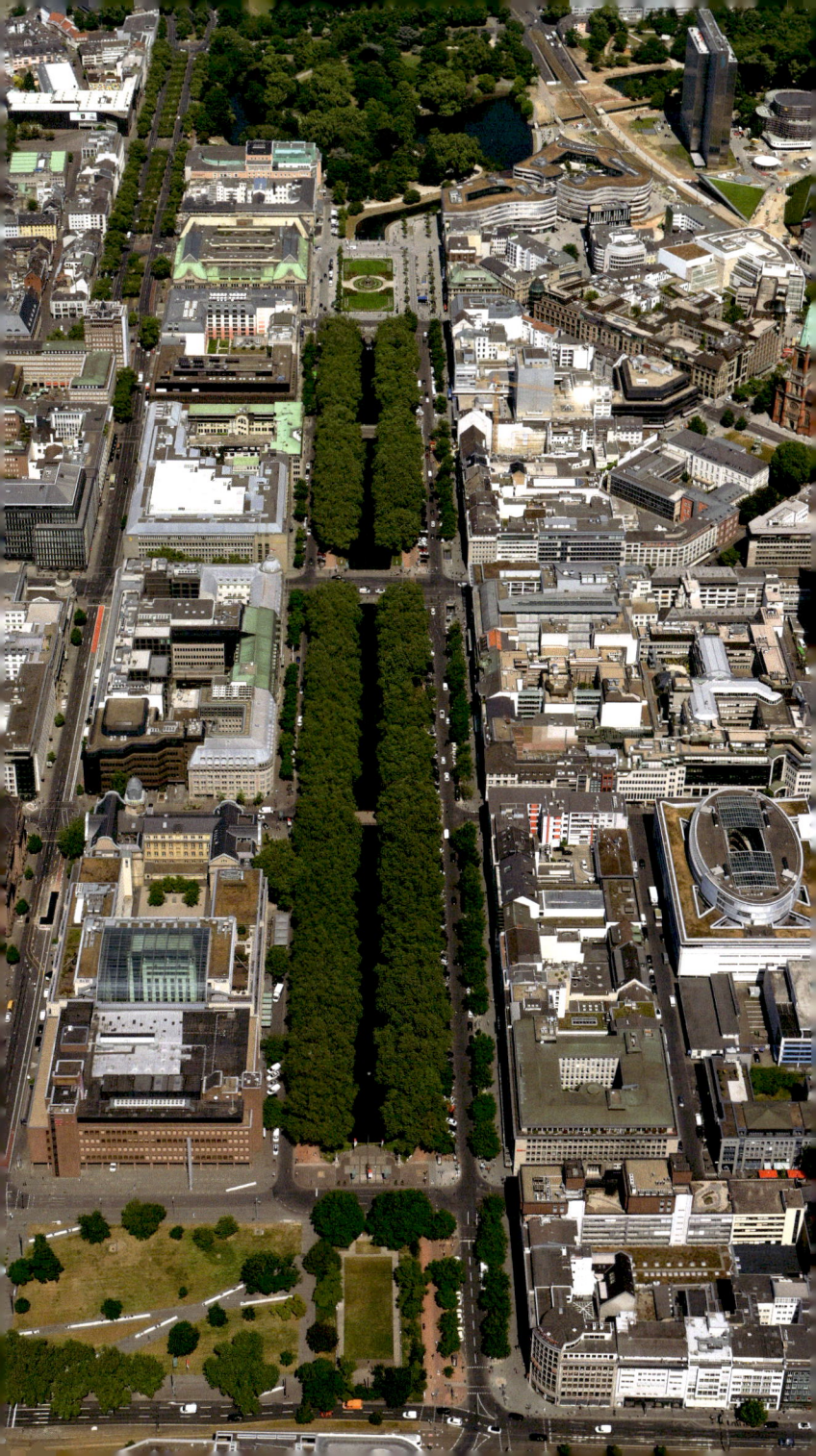

23 | Alter Stahlhof

Vorbei am 1909 aufgestellten Neckereibrunnen führt der Spaziergang durch die Bastionstraße zum Stahlhof, einem Gebäudeensemble, das schon seiner schieren Baumasse wegen einer gewaltigen Trutzburg gleicht. Zwei Jahre nach Gründung des Verbandes der deutschen Stahlproduzenten, des Stahlwerksverbandes, begannen die Bauarbeiten für dessen Verwaltungsgebäude. Auf einer Fläche von 80 mal 60 Metern entstand bis 1908 nach Plänen der Architekten Johannes Radke und Theo Westbrock ein sandsteinernes, mehrgiebeliges, zwischen Neogotik, Jugendstil und Eklektizismus changierendes Bauwerk. Es erinnert an Berliner Kaufhausbauten, malerische Rathäuser und Märchenschlösser. Sämtliche Bauplastik ist der Arbeitswelt in der Stahlindustrie gewidmet. Seinen Namen verdankt der Stahlhof aber dem Londoner Stalhof am Nordufer der Themse, in dem deutsche Kaufleute der Hanse bis 1853 ihren Sitz hatten. Am 23. August 1946 wurde im Stahlhof nach Dekret Nr. 46 der britischen Militärregierung das neue Bundesland Nordrhein-Westfalen gegründet. Heute hat hier das Verwaltungsgericht Düsseldorf seinen Sitz.

24 | Neuer Stahlhof

An der Breiten Straße schließt sich das zur Unterscheidung als Neuer Stahlhof benannte Hochhaus für den Stumm-Konzern an, ein Montanunternehmen, das zeitweise zu den größten Unternehmen Deutschlands zählte. Carl Ferdinand Stumm (1836–1901), der das Unternehmen von 1871 bis zu seinem Tod allein führte, errang einen solchen Einfluss auf die Wirtschaftspolitik Kaiser Wilhelms I., dass in den 1890er Jahren von der »Ära Stumm« gesprochen wurde und Bismarck ihn »König Stumm« nannte. Nach Plänen von Paul Bonatz entstand das Verwaltungsgebäude 1923/25, auch Stummhaus genannt, bestehend aus einer ausschließlich mit Backstein verkleideten Eisenbetonkonstruktion. Ähnlich dem Wilhelm-Marx-Haus handelt es sich um einen fünfgeschossigen Winkelbau und ein neun- bzw. elfgeschossiges Hochhaus mit schlossartigen Zinnen. Die konsequente vertikale Tendenz der Fassaden wird durch schmale hervorspringende Strebepfeiler verstärkt, die wie bei einer hochgotischen Kathedrale gen Himmel streben. Nur der Eingang ist sparsam mit Bauschmuck verziert. Bonatz selbst nannte seinen expressionistisch beeinflussten Stil »Bürohausgotik«.

Seinen Namen als **»Schreibtisch des Ruhrgebiets«** erhielt Düsseldorf als Verwaltungssitz der Eisen und Stahl produzierenden Betriebe des Ruhrgebiets. Zugleich grenzte der Begriff auch »saubere« Verwaltungstätigkeit von der »dreckigen« Produktion ab. Während der Industrialisierung profitierte die Residenzstadt von einer Vielzahl an kulturellen Einrichtungen, die zudem günstig für Messen und Tagungen waren. Mit der Ansiedelung großer wirtschaftlicher Interessenvereinigungen, Banken und der Börse sowie bedeutender Industriekonzerne wurde die Stadt zur wichtigsten Verkaufs- und Organisationsdrehscheibe der deutschen Stahlindustrie.

25 | K 21 – Kunstsammlung Nordrhein-Westfalen

Di–Fr 10–18 Uhr, Sa/So 11–18 Uhr,
1. Mi im Monat 10–22 Uhr (Eintritt ab 18 Uhr frei)

Der Gegensatz könnte nicht größer sein: ein Bauwerk, das den italienischen Palastbauten der Hochrenaissance nachempfunden wurde, formvollendet und von größter Harmonie – innen Kunst des 21. Jahrhunderts, die den festgefügten Formenkanon sprengt, keinen Regeln mehr folgt und oft verstörend disharmonisch ist.

1876/80 wurde nach Plänen des in Köln tätigen Architekten Julius Raschdorff für die Verwaltung und das Parlament der preußischen Rheinprovinz eine zweigeschossige Vierflügelanlage errichtet. Im Zweiten Weltkrieg erlitt sie schwere Zerstörungen, wurde aber 1949 in kurzer Zeit wiederaufgebaut, um dem Landtag des neugegründeten Bundeslandes Nordrhein-Westfalen als Parlamentssitz zu dienen. Mit dem Umzug des Parlaments in den neuen Landtag im Jahr 1988 verwaiste das Gebäude für knapp zehn Jahre, bis es, für die Bedürfnisse eines Museums im Inneren verändert und modernisiert, 1998 als Dependance der Kunstsammlungen Nordrhein-

Westfalen wiedereröffnet wurde. Dabei entstand die gläserne Kuppel, die, anstelle der wenig geglückten Nachkriegslösung für das Dach, von beiden Etagen aus sichtbar ist und einen beeindruckenden Blick über die Stadt bietet. Im Erdgeschoss des Hauses gestaltete der Kubaner Jorge Pardo eine Bar in fröhlichen Gelb- und Orangetönen und mit einem surrealen Lichtkonzept. Über der Piazza schwebt die begehbare Installation »in orbit« von Tomás Saraceno.

Die Sammlung des 2002 gegründeten K 21 umfasst Werke aus dem letzten Drittel des 20. Jahrhunderts, markiert den Übergang zum 21. Jahrhundert und nimmt die Bewegungen der zeitgenössischen Kunst auf. Neben Bildern, Skulpturen, Groß-Dias, Videos und Installationen wird der Fotografie besondere Aufmerksamkeit geschenkt. So finden sich Arbeiten der Begründer der Düsseldorfer Photoschule, Hilla und Bernd Becher, und anderen Vertretern dieser in den späten 1970er Jahren gegründeten Schule künstlerischer Fotografie, darunter Thomas Struth, Andreas Gursky oder Thomas Ruff. Aufwendig restauriert ist Reinhard Muchas »Das Deutschlandgerät« von 1990 zu besichtigen, eine recht geräuschintensive raumgreifende Installation aus verschiedenen Vitrinen mit rätselhaftem Inhalt, Monitoren und einem Holzverhau.

»In orbit«
In 25 Metern Höhe schwebt über der Piazza des K 21 die riesige Rauminstallation des argentinischen Performance- und Installationskünstlers Tomás Saraceno (2013). Es ist eine Konstruktion aus Stahlnetzen, die in drei Ebenen unter der Glaskuppel aufgehängt ist. Darin sind fünf luftgefüllte Ballons, die »Sphären«, untergebracht. Mutige Besucher mit festem Schuhwerk sind eingeladen, die Installation zu betreten, die wie eine surreale Landschaft wirkt und sich mit den Besuchern auf den Netzen bewegt. Die ganze Konstruktion wiegt drei Tonnen, die größte der »Sphären« 300 Kilogramm. Dennoch wirkt sie schwebend und leicht.

26 | »Vater Rhein und seine Töchter«

Vor dem Ständehaus steht ein neobarocker Brunnen, der
den Namen »Vater Rhein und seine Töchter« trägt. 1894
anlässlich eines Besuches von Kaiser Wilhelm II. und seiner Gattin Augusta als Gipsplastik für einen Innenraum
von Karl Janssen und Josef Tüshaus geschaffen, erregte
der gewaltige Vater Rhein mit seinen halbentblößten
Töchtern, die die Nebenflüsse verkörpern, in einem solchen Maße das Wohlgefallen der Bürger, dass er drei
Jahre später, in Bronze gegossen, vor dem Ständehaus
aufgestellt wurde. In seiner romantischen Verklärung
des Rheins zählt man den Brunnen zur Rheinromantik,
beeinflusst wahrscheinlich auch von Richard Wagners
Rheingold-Motiv.

27 | Heinrich-Heine-Denkmal

Auf einer Grünanlage mit dem schönen Namen Schwa-
nenpark an der Haroldstraße findet man eine begehbare
Skulpturenlandschaft, deren Sinn sich schnell erschließt,
wenn man die dazugehörige Tafel studiert hat. Der Bild-

hauer Bert Gerresheim schuf 1981 ein Heinrich-Heine-Denkmal, das gleich nach seiner Installation heftige Proteste hervorrief. »Schrottplatz« oder »Schandmal« waren noch die milderen Schmähungen für die »Fragemal« benannte Bronze. Die Intention des Künstlers leuchtet ein: die zerstückelte Totenmaske des Dichters und Journalisten mit den vielen Gesichtern, nur noch Partikel verteilen sich, von jedem Standort aus bietet sich ein anderes Bild, Objekt gewordene Zitate umrahmen es.

28 | Schumann-Haus

Als das Ehepaar Schumann 1850 nach Düsseldorf kam, war es des Lobes voll. Im September 1852 bezog man den ersten Stock in der Bilker Straße 15, und die Pianistin Clara Schumann bekam endlich ein eigenes Musikzimmer, in dem sie ungestört Klavier spielen konnte. Robert Schumann komponierte in Düsseldorf beinahe ein Drittel seines kompositorischen Œuvres, so kurz nach seiner Ankunft in der Stadt die geradezu euphorische »Rheinische Sinfonie« und die wunderbaren »Märchenbilder« für Viola und Klavier. Nach Schumanns Einlieferung in die Privatheilanstalt Endenich bei Bonn im Februar 1854 wohnte Clara Schumann mit ihren Kindern noch bis August 1855 im Haus, dann zog sie in die Poststraße 25, wo sie bis zu ihrer Übersiedelung nach Berlin 1857 lebte.

Nach umfangreicher Sanierung und Neugestaltung wird das Schumann-Haus 2022 als modernes Museum eröffnen, das im Zusammenspiel von Heine-Institut und Palais Wittgenstein in der Bilker Straße als »Straße der Romantik und Revolution« als weiterer wichtiger kulturhistorischer Höhepunkt gilt. Auf über 650 Quadratmetern und anhand von über 1000 Objekten erhalten die Besucher Einblick in das Leben und Werk des Ehepaares und darüber hinaus in das Musikleben Düsseldorfs im 19. Jahrhundert. Einzelne einstige Wohnräume sind jeweils Robert, Clara und den Kindern gewidmet. Im »Zeitgenossenraum« werden wichtige Kollegen und Zeitgenossen wie Johannes Brahms oder Bettina von Arnim vorgestellt; die »Schatzkammer« beherbergt wertvolle Exponate wie die Handschrift von Schumanns Klavierkonzert in a-Moll.

Die Schumanns in Düsseldorf

1850 wurde Robert Schumann als Städtischer Musikdirektor in Düsseldorf verpflichtet. Schnell kam Kritik an seiner zaghaften Art zu dirigieren auf, während Clara Schumann als führende Pianistin der Stadt galt und eine große Schar von Schülern hatte. Immer seltener dirigierte er, und wenn doch, leitete sie an seiner statt vom Flügel aus das Orchester. Etwa ab 1853 komponierte Schumann nur noch. Dabei litt er an immer stärker werdenden entsetzlichen Kopfschmerzen und Gehörhalluzinationen. Am 27. Februar 1854 stürzte er sich von der Oberkasseler Pontonbrücke in den Rhein. Er wurde gerettet und in die Privatheilanstalt Endenich bei Bonn gebracht, wo er 1856 starb.

Bilker Straße

29 | Heinrich-Heine-Institut

Di–Fr/So 11–17 Uhr, Sa 13–17 Uhr

Düsseldorf und Heine
So harmonisch, wie es heute den Anschein hat, war die Beziehung Düsseldorfs zu dem großen Dichter nicht immer, obwohl die Zuneigung Heines zu seiner Heimatstadt bis zu seinem Tode innig blieb. Da war zum einen die von Antisemitismus und Nationalismus geprägte Diskussion um ein angemessenes Heine-Denkmal, das trotz Intervention der Habsburger Kaiserin Elisabeth abgelehnt wurde – und das seit 1899 in New York steht. Außerdem weigerte man sich lange, die 1811 gegründete und 1965 neugegründete Universität nach ihm zu benennen – dies erfolgte erst 1988.

In dem prächtigen zweigeschossigen Stadtpalais Bilker Straße 12–14 befindet sich seit 1974 das Heinrich-Heine-Institut, die weltweit einzige Forschungs- und Dokumentationsstätte, die sich mit Leben und Werk des Dichters beschäftigt. Das Institut gliedert sich in drei Abteilungen: Das Museum informiert in der Dauerausstellung »Romantik und Revolution« u.a. über Kindheit und Jugend, Familie, Exil, Zeitgenossen und die letzten Lebensjahre Heinrich Heines. Dabei werden zahlreiche originale Gegenstände aus des Dichters Umfeld gezeigt. Sonderausstellungen zu literarischen, musikalischen und kulturhistorischen Themen ergänzen das Angebot. Eine Fundgrube für Literaturhistoriker sind die Bibliothek und das Archiv, das über eine einzigartige Spezialsammlung Heinescher Werke und dazugehöriger Sekundärliteratur verfügt. Zugleich wird hier ein Teilnachlass des Komponisten Robert Schumann bewahrt. Im Haus residiert auch die 1956 gegründete Heinrich-Heine-Gesellschaft, die mit Lesungen, Vorträgen und musikalisch-literarischen Veranstaltungen das Werk Heines lebendig hält.

30 | Palais Wittgenstein

Spielplan und Tickets unter
www.marionettentheater-duesseldorf.de

Die Bilker Straße wurde im 18. Jahrhundert mit dem Bau der Carlstadt angelegt. Noch heute besteht ihre Bebauung zum größten Teil aus typischen Stadtpalais und Bürgerhäusern aus dieser Zeit. In der Nummer 7 ließ sich 1790 der Weinhändler Heinrich Huyssen ein Wohn- und Geschäftshaus mit einem großen Weinkeller erbauen. Dieses erhielt sein heutiges Aussehen aber erst einhundert Jahre später, als es für kurze Zeit von Prinz Alexander zu Sayn-Wittgenstein bezogen wurde. Im Zweiten Weltkrieg zerstört, erwarb es in den 1970er Jahren die Stadt und ließ es rekonstruieren, wobei die Fassade nahezu originalgetreu wiederaufgebaut und das Innere modernen Maßstäben entsprechend umgebaut wurde. Heute haben hier das Institut Français und das Düsseldorfer Marionetten-Theater ihren Sitz. Sehenswert ist im Erdgeschoss die historische Metzgerei von Peter London. In dieser historisierenden Ladenausstattung mit Jugendstilelementen, die zur Weltausstellung in Gent gezeigt wurde, kann man heute Kaffee trinken.

31 | Carlsplatz

Markt Mo–Fr 8–18 Uhr, Sa 8–16 Uhr

Als der pfälzische Kurfürst Carl Theodor (1724–1799) in der zweiten Hälfte des 18. Jahrhunderts Düsseldorf erweitern ließ, erhielt ein Stadtteil seinen Namen, die Carlstadt. Ein neuer Platz wurde angelegt, der Carlsplatz. Zunächst Exerzier- und Paradeplatz der französischen und später der preußischen Garnison, setzte er sich seit 1808 als Standort der viermal im Jahr stattfindenden einwöchigen Jahrmärkte, seit 1910 generell als Marktplatz durch. Dabei gab es zu Beginn des 20. Jahrhunderts Streit über seine Schreibweise: Karlplatz hieß er auf einmal. Aber die Düsseldorfer ließen sich ihr Fugen-s nicht nehmen und auf Initiative der Bürgergesellschaft Alde Düsseldorfer kehrten das s und das C am Anfang wieder zurück. Im Zweiten Weltkrieg wurde seine Bebauung zerstört und größtenteils recht reizlos wiederaufgebaut. Seinen Charme macht der an sechs Tagen in der Woche abgehaltene Markt aus, der seit 1998 mit einem Glasdach überspannt ist. Mit seinen Feinkostständen, Imbissbuden und Freiluftrestaurants ist er ein Paradies für Gourmets und Köche.

32 | Max-Kirche

Nur wenige Meter die Benrather Straße entlang, führt der Weg zur Sankt-Maximilian-Kirche, liebevoll Max-Kirche genannt. Ihr Vorgängerbau wurde im 17. Jahrhundert als Klosterkirche für den neu angesiedelten Franziskanerorden erbaut und dem Hl. Antonius von Padua geweiht. Während dieser Zeit war in Düsseldorf bereits eine Reihe von Orden ansässig. Es hatte also einiger Überredung bedurft, bis Herzog Wolfgang Wilhelm von Pfalz-Neuburg die Niederlassung auch der Franziskaner gestattete. 1651 kamen die ersten sechs Mönche nach Düsseldorf, im Jahr darauf wurde bereits das Kloster fertiggestellt, 1668 folgte die Weihe der Kirche. Der Orden wurde im Zuge der Säkularisation 1803 aufgehoben, der Abriss von Kirche und Klostergebäuden drohte, aber die Düsseldorfer Bürger verhinderten beides. Mit einem Patroziniumswechsel zum Hl. Maximilian von Celeia wurde die Kirche 1805 zur Pfarrkirche erhoben, die Klostergebäude zunächst als städtische Schule (die Heinrich Heine besuchte), seit 2006 als Katholisches Stadthaus genutzt.

Die Max-Kirche wurde im Rahmen einer Gesamterneuerung der Klosteranlagen 1735/37 als dreischiffige

Adlerpult

Backsteinhalle mit einem einjochigen Chor neu errichtet und nach Beschädigungen im Zweiten Weltkrieg 1964 wiederaufgebaut. Die Inneneinrichtung ist erhalten geblieben, und so erstrahlt die Kirche auch heute in der Pracht des Rokoko. Hervorzuheben sind die Kanzel (1737) und der Prospekt der Orgel (1753/55) von Christian Ludwig König. Hinter dem historischen Orgelprospekt erklingt eine moderne Orgel, erbaut »im Geiste Christian Ludwig Königs« von der Orgelbaufirma Klais in Bonn. Sie erklingt u.a. jeden Sonnabend 11.30 Uhr in der »Orgelmusik zur Marktzeit«, einer der ältesten und erfolgreichsten Konzertreihen Düsseldorfs.

Das Chorgestühl ist älteren Datums, es stammt noch aus dem ersten Kirchenbau vom Ende des 17. Jahrhunderts, hat im Laufe der Zeit aber seine Aufsätze verloren. Ein ausgezeichnet gearbeitetes Kunstwerk ist das spätgotische bronzene Adlerpult von 1449, das aus dem Altenberger Dom stammt. Adlerpulte waren im 14. und 15. Jahrhundert eine beliebte Variante der Lesepulte, die der Auflage liturgischer Bücher dienten. Einige herausragende Beispiele wie dieses (andere z.B. im Hildesheimer und im Aachener Dom) wurden im Maasland in einer Kupferlegierung mit 40-prozentigem Zinkanteil gegossen, weshalb sie eine gelbe Farbe annahmen.

33 | Stadtmuseum

Di–So 11–18 Uhr

Der Spaziergang führt nun zum Spee'schen Graben. Dies ist ein kleiner Park, der ab 1802 im Zuge der Schleifung der Befestigungsmauern angelegt wurde und heute mit Schwanenspiegel und Kaiserteich sowie einem Rest der alten Bastion Marie Amalie eines der vielen Beispiele eleganter Gartenkunst in Düsseldorf ist. Sein Name leitet sich vom benachbarten Palais Spee ab, das 1806 Carl-Wilhelm von Spee erworben hatte, Mitglied eines der uralten rheinischen Adelsgeschlechter.

Das Palais wurde im Zweiten Weltkrieg schwer beschädigt, der Westflügel zur Hälfte zerstört. In der 1963 wiederaufgebauten und 1991 mit einem Anbau des Architekten Niklaus Fritschi versehenen Vierflügelanlage hat heute das Stadtmuseum seinen Sitz, das 1874 als Historisches Museum gegründet wurde. Düsseldorfer Wirtschafts-, Kunst-, Sozial- und Kulturgeschichte werden hier spannend und unterhaltsam behandelt, wobei ständig wechselnde Ausstellungen in den Projekträumen und dem Geburtstagszimmer nützliche Ergänzungen bilden.

Die Geschichte der **Messe Düsseldorf** reicht bis ins Jahr 1811 zurück. Anlässlich des Besuches von Napoleon in der Stadt zeigten 14 Firmen im Rathaus in einer Industrie- und Gewerbeausstellung Metallwaren, Gewebe und Lebensmittel. 1902 veranstalteten die Verbände der rheinisch-westfälischen Stahl- und Eisenindustrie die Große Industrie- und Gewerbeausstellung mit 2500 Ausstellern. 7,5 Millionen Besucher sahen die 1926 stattfindende GeSoLei. 1947 wurde die Messe Düsseldorf gegründet, die seit 1971 ihren Sitz im Stadtteil Stockum hat, in 17 Ausstellungshallen jährlich über 50 Fachmessen durchführt und damit die siebtgrößte der Bundesrepublik ist.

34 | Hetjens – Deutsches Keramik-museum Düsseldorf

Di–So 11–17 Uhr, Mi 11–21 Uhr

Düsseldorfer Senfladen

Im Jahr 1918 zog das Senf fabrizierende Ehepaar Frieda und Otto Frenzel aus Metz nach Düsseldorf, das bereits seit 1726 die Senfhauptstadt Deutschlands war. Frenzels erfanden 1919 eine wohlschmeckende Kreation aus brauner Senfsaat, die sie im Jahr darauf als »Löwensenf Extra« anboten und die als Markenzeichen den Düsseldorfer Löwen, das Wappentier der Stadt, bekam. Im Düsseldorfer Senfladen in der Berger Straße 29 kann man nicht nur alle erdenklichen Arten von Senf kosten und im traditionellen Steinguttöpfchen kaufen. Eine kleine Senfausstellung informiert zudem über die Geschichte und die Herstellung des Senfs.

Das weltweit einzige Spezialmuseum mit dem Schwerpunkt Keramikgeschichte geht zurück auf die Sammlung, die Laurenz Heinrich Hetjens (1830–1906) im Laufe seines Lebens erwerben konnte. Durch die Heirat mit einer begüterten Dame in die Lage versetzt, nicht nur keinem Broterwerb nachgehen zu müssen, sondern auch seltene und teure keramische Objekte erwerben zu können, hatte er sich auch durch die Teilnahme an Ausgrabungen zu einem anerkannten Experten für rheinische Keramik der Gotik, Renaissance und des Barocks entwickelt. In seinem Testament hinterließ er seiner Heimatstadt Düsseldorf die Sammlung und 150 000 Goldmark für den Bau eines Museums.

Mehr als 20 000 Objekte geben einen Einblick in 8000 Jahre Kunst- und Kulturgeschichte. Alle keramischen Materialien sind hier vertreten, als da sind Irdenware, Steinzeug, Fayence und Porzellan aus dem Vorderen Orient, Ostasien, Afrika, aus dem präkolumbischen Amerika, der Antike und dem Mittelalter. Besonderes

Augenmerk wird auf die zeitgenössische Keramik gelegt. Großartig sind die regelmäßigen Sonderausstellungen mit wechselnden Schwerpunkten und internationalen Leihgaben.

35 | Filmmuseum

Di–So 11–18 Uhr

Als eines von sieben deutschen Filmmuseen zeigt das 1993 eröffnete Museum auf 2200 Quadratmetern, verteilt über vier Etagen, so gut wie alles, was man über Film wissen sollte. Hier wird lebendige Filmgeschichte von den ersten Schattentheaterfiguren aus dem 18. Jahrhundert bis hin zu modernster Filmtechnik vermittelt. Zu sehen sind Projektoren und Kameras, Modelle von Filmsets, Dekorationen, Requisiten und Kostüme. Der Atmosphäre am Set ist die ganze 3. Etage gewidmet, dem Werdegang des Films vom Exposé zur Produktion die 4. Etage. Das hauseigene Kino Black Box zeigt ein ambitioniertes Programm berühmter Filmklassiker aus aller Welt – und Stummfilme mit Live-Musikbegleitung auf einer historischen Kinoorgel.

36 | Rheinuferpromenade

Linien- und Panoramafahrten unter www.w-flotte.de

Am Flusskilometer 744,2 befindet sich die historische **Pegeluhr**, die 1902 dort platziert wurde. Neben der Uhrzeit vermeldet sie auch den Wasserstand des Rheins, der an dieser Stelle normal bei 24,48 Meter über dem Meeresspiegel liegt. So zeigt der kleine Zeiger die Meter, der große die Zentimeter an. 2002 wurde die Pegeluhr restauriert, und seit 2018 verfügt sie über neue Zifferblätter. Sie ist nicht nur ein begehrtes Fotomotiv, sondern auch ein beliebter Treffpunkt in Düsseldorf.

Über den Alten Hafen führt der Weg geradewegs zum Rhein und der Rheinuferpromenade. Bis 1900 standen hier die Häuser noch dicht am Ufer, dann wurden sie wegen der Hochwasser des Rheins abgerissen. Eine erste Promenade entstand, die nach dem Zweiten Weltkrieg zu einer mehrspurigen Straße umgebaut wurde. Nach Bürgerprotesten, einem generellen Umdenken im Städtebau und weil der neue Landtag gebaut wurde, verbannte man die Autokarawanen in den 1993 freigegebenen Rheinufertunnel. Eine neue Promenade, angelehnt an die alten Strukturen, konnte 1995 eingeweiht werden. Heute ist sie ein beliebter Treffpunkt der Düsseldorfer und ihrer Gäste. Auf zwei Ebenen führt sie etwa anderthalb Kilometer lang vom Medienhafen bis zur Tonhalle und wurde 1998 mit dem Deutschen Städtebaupreis ausgezeichnet. Der obere Weg ist mit Platanen gesäumt, die sogenannte Untere Rheinwerft wird vor allem von der Gastronomie genutzt. Dort, wo die Zollstraße zum Marktplatz abzweigt, findet man die **Pegeluhr**. Hier starten und landen auch die Ausflugsschiffe der Weißen Flotte.

II. Nördlich der Altstadt

37 | Kunstakademie Düsseldorf

Im Schatten der Oberkasseler Brücke steht das ehrwürdige Gebäude der Kunstakademie. Der langgestreckte dreigeschossige Neorenaissancebau wurde 1875/79 nach Plänen des Architekten Hermann Riffart gebaut. Im Gegensatz zur Größe des Gebäudes und seiner gewaltigen Schaufront mutet der Haupteingang zum Eiskellerberg nahezu lächerlich klein an. Die Geschichte der Kunstakademie Düsseldorf beginnt mit der Errichtung einer Zeichenschule 1762. Weltberühmt wurde die Akademie im 19. Jahrhundert durch die Düsseldorfer Malerschule (siehe S. 63). Noch einmal erlangte die Akademie internationale Berühmtheit in ihrer zweiten Hochphase, die bis zum Ende der 1970er Jahre währte. Künstler wie Joseph Beuys, Günther Uecker und Gerhard Richter studierten und lehrten hier, Gruppen wie ZERO, Fluxus und German Pop machten mit spektakulären Aktionen auf sich aufmerksam und nahmen Einfluss auf das Kulturleben der Studenten und der 68er Bewegung. Heute studieren hier rund 650 junge Menschen in den Fachbereichen Kunst und Kunstbezogene Wissenschaften.

Joseph Beuys

1921–1986, Aktionskünstler, Maler, Zeichner und Kunsttheoretiker. Beuys immatrikulierte sich 1946 an der Düsseldorfer Kunstakademie und wurde im Jahr darauf Schüler und Meisterschüler von Ewald Mataré. Mit seiner Berufung als Professor an der Kunstakademie kam er 1961 wieder zurück und lebte und arbeitete bis zu seinem Tod im Stadtteil Oberkassel. Er war ein stiller Mensch, ernst und konzentriert. Für das Spektakel sorgten die anderen. Alles, was er geschaffen hatte, stand mit seiner Person in Zusammenhang, er war sein Werk.

Düsseldorfer Symphoniker

Bereits 1585 bei der Hochzeit zwischen Herzog Johann Wilhelm und Jakobe von Baden spielte eine zwölfköpfige Hofkapelle, die sich 100 Jahre später unter Jan Wellem zu einem Orchester von exzellentem Ruf entwickelte. Mit der Gründung des Städtischen Musikvereins 1818 erreichte die Musikkultur Düsseldorfs eine zweite Blüte, die Musiker wie Felix Mendelssohn Bartholdy oder Robert Schumann in die Stadt zu ziehen vermochte. Mit mehr als 100 Mitgliedern absolviert das Orchester heute annähernd 50 Konzerte in der Tonhalle und über 220 Opernaufführungen jährlich.

38 | Tonhalle

Spielplan und Tickets unter www.tonhalle.de

Blickt man über die Fritz-Roeber-Straße hinweg, sieht man den Kuppelbau der Tonhalle. Auf dem einstigen Standort des Messe- und Ausstellungsgeländes entstand 1925/26 für die GeSoLei (siehe S. 53) eine Mehrzweckhalle, genannt Rheinhalle. Der Architekt Wilhelm Kreis entwickelte im Stile des Backsteinexpressionismus einen kreisrunden Kuppelbau auf einem quadratischen Sockel, dessen Fassade mit Strebepfeilern und vorstehenden Ziegellagen plastisch ausgeformt ist. Der obere Abschluss ist mit einem Schuppenornament verziert. Um die Halle auch als Planetarium zu nutzen, konnte die innere Kuppel angehoben werden. Ein vergoldeter Stern weist heute noch darauf hin.

1975/78 wurde der ganze Hallenkomplex unter Leitung des Architekten Helmut Hentrich zu einem modernen Konzertsaal umgebaut, der seitdem die Heimat der Düsseldorfer Symphoniker ist. Dazu erhielt er den Namen der alten Tonhalle an der Schadowstraße, die im Zweiten Weltkrieg zerstört worden war. Wiederum durch Hentrichs Architekturbüro erfolgte 2005 eine Renovierung, bei der die Tonhalle mit modernster Beleuchtungs- und Tontechnik ausgestattet wurde. Außerdem wurde über der Bühne ein Schallsegel eingebaut, das einen großen Anteil daran hat, dass die Tonhalle heute bundesweit als einer der Konzertsäle mit der besten Akustik gilt.

Über den nördlichen Haupteingang gelangt man zur Terrasse, von der aus die axiale Einbindung in den Ehrenhof erkennbar wird. Hier, an der Freitreppe, stehen die Planetengruppen von Carl Moritz Schreiner, Mars und Jupiter sowie Venus und Saturn. Die Eingangsfront schmücken die Büsten von Felix Mendelssohn Bartholdy, Clara und Robert Schumann sowie **Norbert Burgmüller**. Eine Figur der Pallas Athene (1926) hat an der Hofgartenrampe ihren Standort gefunden. Vom alten Kreis-Bau sind im Inneren nur noch der Arkadenkranz und das Grüne Gewölbe erhalten, in dem ein Teil der Glassammlung von Helmut Hentrich ausgestellt wird. Die zwei Konzertsäle der Tonhalle bieten Platz für 2100 Gäste; in der Rotunde können bei kleineren Konzerten bis zu 400 Besucher Platz nehmen. Gut 450 Konzerte finden jährlich in der Tonhalle statt, deren außerordentliche Akustik und das ausgefallene Beleuchtungskonzept (»Sternenhimmel«) sie zu einem »Planetarium der Musik« machen.

Norbert Burgmüller

1810–1836, Komponist. Als Sohn des Städtischen Musikdirektors in Düsseldorf geboren, konnte er dank einem Mäzen Violine bei Louis Spohr und Komposition bei Moritz Hauptmann in Kassel studieren. Leider galt die Aufmerksamkeit lange Zeit eher seinem abenteuerlichen Lebenswandel, seinen ausgedehnten Zechtouren mit dem Dichter Christian Dietrich Grabbe und seinem frühen Tod, nicht aber seinem schmalen Œuvre. Ein Klavierkonzert und die 1. Sinfonie wurden in Düsseldorf aufgeführt, seine 2. Sinfonie, ein Werk von schmerzlicher Melodik, wurde posthum von Robert Schumann fertiggestellt.

39 | Ehrenhof

Unter Federführung von Wilhelm Kreis entstand das Ehrenhof genannte Gebäude- und Gartenensemble. Von antiken römischen Foren inspiriert, ist der Ehrenhof das bedeutendste Beispiel für den Bau städtischer Repräsentationsensembles der Weimarer Republik. Er vereint unterschiedliche Baustile wie den Expressionismus, den Neoklassizismus und die Neue Sachlichkeit. An der parallel zum Rhein verlaufenden Achse reihen sich die Tonhalle, ein langgestrecktes Ausstellungsgebäude (heute NRW-Forum) und ein dreiflügeliger Bau (heute Kunstpalast) um einen Ehrenhof mit zwei Tortempeln zum Fluss. Nach Nordwesten schließt die ebenfalls von Kreis konzipierte Rheinterrasse an.

40 | Kunstpalast

Di—So 11—18 Uhr, Do 11—21 Uhr

Ohne jeden Zweifel ist der Kunstpalast eines der schönsten und interessantesten Kunstmuseen Deutschlands. Das liegt zum einen an der Großartigkeit und Harmonie des Bauwerkes. Es wurde 1902 als Ausstellungspalast nach Plänen von Albrecht Bender für die Industrie- und Gewerbeausstellung erbaut. Für die GeSoLei 1926 überformte Wilhelm Kreis den zunächst neobarocken Ostflügel zu einem Backsteinbau, sodass alle drei Flügel eine harmonische Einheit bildeten. 2001 wurde der Komplex nach einer dreijährigen Sanierung durch Oswald Mathias Ungers wiedereröffnet. Ungers gestaltete nicht nur die Ausstellungsräume des alten Museumsbaus neu, sondern schuf mit einer neuen Kuppelhalle ein zeitgenössisches Pendant zur Eingangshalle des Altbaus.

Die Wurzeln der Gemäldegalerie, die sich in die Schwerpunkte Alte Meister, Malerei des 19. Jahrhunderts und Moderne aufgliedert, liegen in der Kunstsammlung Jan Wellems begründet (siehe S. 6), die 1805 nach München verbracht wurde und heute zum Bestand der Alten Pinakothek zählt. Nur 50 Gemälde verblieben in Düsseldorf, darunter zwei große, schwer transportierbare Gemälde von Peter Paul Rubens. Die Abteilung Moder-

Die »Große Ausstellung Düsseldorf 1926 für **Ge**sundheitspflege, **so**ziale Fürsorge und **Lei**besübungen« (**GeSoLei**) fand vom 8. Mai bis zum 15. Oktober 1926 auf dem alten Ausstellungsgelände in Pempelfort und Golzheim statt. Mit der Einführung der Rentenmark und dem Dawes-Plan von 1924, der die Reparationszahlungen der Weimarer Republik an ihre wirtschaftlichen Möglichkeiten anpasste, stieg die Wirtschaftskraft des Rheinlandes, der man mit einer großen Messe Ausdruck verleihen wollte. Auf 400 000 Quadratmetern wurden medizinische, soziale und hygienische Themen behandelt. Die größte Messe der Weimarer Republik zählte 7,5 Millionen Besucher. 60 Prozent der Ausstellungsfläche dienten dem Vergnügen. So fuhren hier die ersten Autoscooter Deutschlands.

Links: Ehrenhof mit Tonhalle (unten), NRW-Forum (Mitte), Kunstpalast (oben)

ne Kunst umfasst bedeutende Werke von Emil Nolde,
Ernst Ludwig Kirchner, Franz Marc, Otto Dix und Max
Beckmann, aber auch von Joseph Beuys, Günther Uecker
oder Otto Piene. Die etwa 70 000 Blatt umfassende Gra-
fische Sammlung hat Arbeiten von Raffael, Rembrandt
und Dürer, der Düsseldorfer Malerschule, Gustav Klimt
und Lyonel Feininger vorzuweisen. Den Kern stellt die
14 000 Zeichnungen umfassende Sammlung der Kunstakademie dar, die sie als Leihgabe dem Kunstpalast zur
Verfügung stellt.

Neben einer bedeutenden Kollektion von Skulpturen,
Kunsthandwerk, japanischer Kunst und islamischem
Kunsthandwerk verfügt der Kunstpalast über die einzigartige Glassammlung Helmut Hentrichs, die dieser 1965
dem Museum überlassen hat. Sie besteht aus Glaskunst
von der römischen Antike bis in die Gegenwart, wobei
der Schwerpunkt auf Exponaten des Art nouveau und
des Jugendstils liegt.

Seit den 1970er Jahren werden im Kunstpalast regel-
mäßig spektakuläre und republikweit aufsehenerregen-
de Sonderausstellungen gezeigt. So war der Kunstpalast
eines der ersten Museen der alten Bundesrepublik, das
sich in Einzel- und Gruppenausstellungen der DDR-Ma-
lerei widmete.

41 | NRW-Forum

Di–Do 11–18 Uhr, Fr 11–21 Uhr, Sa 10–21 Uhr, So 10–18 Uhr

Nach Beendigung der GeSoLei 1926 suchte man nach einem neuen Betreiber für die Ausstellungsgebäude und fand für das langgestreckte Gartengebäude das Reichsmuseum für Gesellschafts- und Wirtschaftskunde, von 1951 bis 1990 das Museum für Volk und Wirtschaft. Mag es der etwas verstaubt klingende Name gewesen sein oder die gähnende Leere im Stadtsäckel – es wurde geschlossen. Obwohl der heutige Name auf eine Landesbeteiligung verweist, ist es doch allein die Stadt, die seit 2016 Träger des NRW-Forums Düsseldorf ist. Mit dem Forum wurde eine Institution geschaffen, die sich neuartigen Formaten und der jungen Kunst verschrieben hat, wobei der Schwerpunkt auf Fotografie liegt. Weitere Themenbereiche sind Medienkunst, Design und Architektur, die in ständig wechselnden Ausstellungen, Vorträgen, Workshops und Symposien behandelt werden. Gegenüber vom Haupteingang hat die Bronze »Aufstrebender Jüngling« von Georg Kolbe Aufstellung gefunden.

»Aufstrebender Jüngling«

Das **Theatermuseum**
entstand 1938 als privates
Theaterarchiv »Schau-
spielhaus Düsseldorf
(Dumont/Lindemann)«.
Gustav Lindemann ver-
machte diese einzigartige
Sammlung 1947 der Stadt.
Die Ausstellung schlägt
einen Bogen von der Kur-
fürstlichen Oper bis hin
zum Theater des 20. und
21. Jahrhunderts. Dabei
gibt es Bühnenbilder,
Bühnenmodelle, Fotos, Fi-
gurinen, Theaterzettel und
Programmhefte zu be-
staunen. Seit 2021 ist das
Theatermuseum im KAP 1,
dem neuen Kulturzentrum
in der Alten Post, zu finden
(Konrad-Adenauer-Platz 1,
Di–Fr 13–17 Uhr, Sa/So
13–19 Uhr).

42 | Hofgarten

Herzog Carl Theodor, Kurfürst der Pfalz und Herzog
von Jülich-Berg, ab 1778 auch Kurfürst von Bayern, war
ein großzügiger Mäzen und Gründer der Kurfürstlich-
Pfälzischen Akademie der Maler-, Bildhauer- und Bau-
kunst, aus der die heutige Kunstakademie Düsseldorf
hervorging. Als einer der ersten Herrscher ließ er für die
Einwohnerschaft der Stadt einen Lustgarten anlegen,
gestaltet von dem französischen Landschaftsarchitek-
ten Nicolas de Pigage. 1796 zerstörten französische
Soldaten den Garten, seit 1804 ließ ihn der damalige
Hofgärtner Maximilian Friedrich Weyhe als englischen
Landschaftspark wiederauferstehen. Bis zum Rheinufer
erstreckte er sich, bis in den 1920er Jahren mit dem neu-
errichteten Ehrenhof eine Grenze entstand. Noch mehr
Raum büßte er seit den 1950er Jahren durch die parallel
zum Fluss verlaufende Straße ein. Im Rahmen der »De-
zentralen Landesgartenschau« und der EUROGA 2002 p-
lus wurde der Hofgarten aufwendig saniert, durch umfassende Rodungen in den Randbereichen wieder zur
Stadt hin geöffnet. Aber erst mit dem Kö-Bogen (siehe
Nr. 48) fand der Hofgarten wieder Anschluss an das Zentrum der Stadt.

Heute kann man die einstigen Reitalleen entlang-
spazieren, die originale Gasbeleuchtung bestaunen, ein
technisches Denkmal mit insgesamt 219 funktio-
nierenden Gaslaternen, und die zahlreichen Kunstwerke
betrachten. Dabei kommt man am ehemaligen Hof-
gärtnerhaus vorbei, in dem seit 1988 das Düsseldorfer
Theatermuseum ansässig war. Das Denkmal Louise Du-
monts, der Mitbegründerin des Düsseldorfer Schauspielhauses, blieb hingegen an diesem Ort erhalten. Keine
hundert Meter davon entfernt stößt man auf ein kleines
Wasserbassin mit einer Brunnenfigur. Der Meeresgott
Neptun, der auf einem wasserspeienden Flusspferd
sitzt, trug im Jahr seiner Entstehung 1899 den Namen
»Ungebetener Gast«. Die ständige Algenbildung jedoch
brachte ihm im Volksmund den heute gültigen Namen
»Jröner Jong« ein. In den warmen Monaten bestrahlt ihn
eine Lichtinstallation des deutsch-japanischen Künstlers
Kanjo Také.

Rechts: Neptun-Brunnen

43 | Schloss Jägerhof

Goethe-Museum Di–Fr/So 11–17 Uhr, Sa 13–17 Uhr

Am Ostende des Hofgartens, direkt an der Mündung der Jägerhof- in die Jacobistraße, stößt man auf Schloss Jägerhof, 1749–1763 auf Wunsch von Kurfürst Carl Theodor errichtet. Der Barockarchitekt Johann Joseph Couven entwarf die Baupläne, die jedoch aus Kostengründen vom Hofarchitekten Nicolas de Pigage überarbeitet wurden. So verzichtete man auf den Bau zweier Seitenflügel. Zunächst Sitz des obersten Jägermeisters, wurde das Schloss 1795 von französischen Truppen geplündert und diente fortan als Lazarett und Kaserne. 1815 fiel Düsseldorf nach den Beschlüssen des Wiener Kongresses an Preußen, und fortan residierte im Schloss Prinz Friedrich von Preußen. Für seinen Hofstaat jedoch erwies sich die flügellose Anlage als zu klein, also wurden mit 150 Jahren Verspätung doch noch die alten Pläne von Couven realisiert und zwei Seitenflügel angebaut. Nach den Bombardierungen des Zweiten Weltkrieges standen nur noch die Umfassungsmauern. 1950/55 erfolgte der Wiederaufbau, der aber nur die Außenmauern betraf. Den Innenraum gestaltete man völlig neu.

Neben den Museen in Frankfurt am Main und Weimar ist das Düsseldorfer Goethe-Museum die dritte deutsche Stätte der Goethe-Pflege, aber es darf von sich sagen, die größte, etwa 50 000 Objekte zählende Goethe-Privatsammlung der Welt zu beherbergen. Die Wahl Düsseldorfs ist glücklich, denn ganz in der Nähe, auf dem Sommersitz der Brüder Friedrich Heinrich und Johann Georg Jacobi, dem heutigen »Malkasten« (siehe Nr. 45), verbrachte Goethe glückliche Tage. Und auch mit vielen anderen wichtigen Persönlichkeiten der Düsseldorfer Musik-, Literatur- und Kunstgeschichte bestanden enge Kontakte.

»Es sind eminente Fälle, die, in einer charakteristischen Mannigfaltigkeit, als Repräsentanten von vielen anderen dastehen...« In einem Brief an Schiller beschreibt Goethe 1797 die Kriterien, die der Leipziger Verleger und Sammler Anton Kippenberg gut 100 Jahre später an Objekten erkennen wollte, um sie in seine Sammlung aufzunehmen. »Glückliche Gegenstände für den Menschen« sind es wirklich, die heute im Museum den Geist der Goethe-Zeit lebendig werden lassen. Ein Studio zu Goethes Farbenlehre, 17 000 Bücher in der Bibliothek und vieles andere – ein Paradies nicht nur für Goethe-Pilger.

Anton Kippenberg
1874–1950, Verleger des Insel-Verlages. Als dem Bremer Buchhandelslehrling eine französische »Faust«-Ausgabe in die Hände fiel, begann eine lebenslange Leidenschaft: Objekte zu sammeln, die die Goethesche Welt anschaulich machen. In beinahe einem halben Jahrhundert, während dessen er nicht nur die Goethe-Medaille erhielt, sondern auch Präsident der Goethe-Gesellschaft war, kaufte er eine Sammlung von über 35 000 Objekten, die nach Kriegsende nach Marburg gebracht wurde. 1953 gründeten seine Töchter die Anton-und-Katharina-Kippenberg-Stiftung mit Sitz in Düsseldorf.

44 | St. Rochus

Die Architektur der Rochuskirche ist so außergewöhnlich, dass sie es verdient hervorgehoben zu werden. Ursprünglich war sie eine neoromanische Kirche, erbaut als Antwort auf den Bismarckschen Kulturkampf, ein imposantes Symbol des rheinischen Katholizismus, sodass sie nicht ohne Stolz »Dom von Düsseldorf« genannt wurde (Joseph Kleesattel, 1897). Zwei Bombenangriffe zerstörten sie 1943 und ließen nichts als den Westturm und wenige Reste der Umfassungsmauern übrig. 1953 entschied man sich ganz bewusst, auf einen originalgetreuen Wiederaufbau zu verzichten, die Ruine wurde gesprengt. Nur der wie ein Campanile freistehende Turm blieb, um in einen Neubau integriert zu werden. Er trägt ein monumentales Kruzifix (Bert Gerresheim, 1982).

Der Gemeindepfarrer Peter Dohr zeichnete die Pläne und berechnete die Statik, der Architekt Paul Schneider-Esleben, kurz PSE genannt, übernahm die Ausführung. Bis 1954 entstand ein zentraler Bau auf einem dreipassförmigen Grundriss (Trichoros), der von einer dreiteiligen, aus Stahlbetonschalen konstruierten, außen mit Kupfer verkleideten 28 Meter hohen Kuppel überwölbt wird. Die Nahtstellen zwischen den drei Kuppelschalen sind mit vertikalen Betonrippen verbunden, die wiederum mit Rundgläsern bestückt sind.

Steht man im Innenraum und blickt nach oben, erscheinen sie wie Lichtbänder, die Kuppel im Ganzen wie ein sphärisches Dreieck. Die zwölf Säulen, die die Kuppel tragen, symbolisieren die zwölf Apostel. Die Innenausstattung übernahm Ewald Mataré, nachdem es zwischen Pfarrer und Architekten zum Zerwürfnis gekommen war. Von ihm stammen auch die an Seilen hängende Christus-Figur (1941/42) und die hinter Glas gemalten Kreuzwegstationen. Beides hatte Mataré ursprünglich für die Krankenhauskirche in Köln-Hohenlind angefertigt. Dort aber empfand man sie als zu modern und gab sie nach Düsseldorf.

Im Volksmund kamen natürlich sofort Bezeichnungen wie »Eierkopf« oder »Halleluja-Gasometer« auf. Seit 1988 aber steht St. Rochus unter Denkmalschutz und gilt in dem klaren Gegenüber von Alt und Neu als ein Kirchenbau von großer Radikalität und als beeindruckendes Beispiel der Architektur der Nachkriegszeit. Seit 2016 befindet sich die Gemeinde im Prozess der Neuorientierung, der mit einer grundlegenden Neugestaltung des Innenraums einhergeht. So wurden in jüngster Zeit die Orgel abgebaut und der Altar in die Mitte des Raumes versetzt.

Rochus von Montpellier
Zwischen 1295 und 1379, Pilger, Pestheiliger. Rochus pflegte auf dem Pilgerweg nach Rom Pestkranke, die genasen, während er sich mit der Pest infizierte. Zurückgezogen in einer Waldhütte, wurde er von einem von Gott gesandten Hund und einem Engel gepflegt. Heimgekehrt nach Montpellier, erkannte ihn niemand mehr, und er starb im Gefängnis. Der Hl. Rochus zählt in manchen Regionen zu den 14 Nothelfern und ist der Patron der Ärzte und Totengräber. Sein Gedenktag ist der 16. August. In Pempelfort wurde Rochus seit dem 15. Jahrhundert verehrt.

45 | Malkasten

Park Sommer Mi–So 10–20 Uhr, Winter Mi–So 10–18 Uhr,
Restaurant »Lido« Mo–Sa 12–1 Uhr, So 11–16 Uhr

Im Zuge der Märzrevolution 1848 gründeten Düsseldorfer Künstler, darunter Maler, Bildhauer und ein Musikdirektor, einen Kunstverein, der das »gesellige Künst-
lerleben« fördern sollte. Der Verein trug den Namen
»Malkasten«, Politik und Kunst sollten gleichberechtigt
nebeneinanderstehen. Bedeutende Ehrenmitglieder der
ersten Jahre waren Ferdinand Freiligrath und Otto von
Bismarck, Frauen hingegen dürfen erst seit 1977 Mitglied
werden. 1861 erwarb der Verein das an Schloss Jägerhof
angrenzende Grundstück mit dem Landgut des Philoso-
phen Friedrich Heinrich Jacobi (1743–1819). Eine Lotterie
wurde veranstaltet, von deren Erlös 1864 ein Vereinshaus
errichtet wurde. Fortan fanden hier die rauschendsten
Karnevals- und Künstlerfeste statt, und selbst Kaiser
Wilhelm I. reiste 1877 zu einem Festspiel an. Der ganze
Gebäudekomplex brannte in der Nacht vom 11. auf den
12. Juni 1943 nach einem Luftangriff vollständig nieder.

Bis 1949 wurde zunächst das historische Jacobi-Haus
nach alten Abbildungen wiederaufgebaut, 1954 erhielt

es einen modernen Eingangsbereich nach Plänen von Helmut Hentrich und Hans Heuser, das sogenannte Hentrichhaus. Wie ein Festzelt verbindet die Konstruktion aus Stahl und Glas nun Alt und Neu. Darin befindet sich ein 200 Quadratmeter großer Theatersaal, der ebenso wie der darunter liegende Künstlerkeller für Tagungen und Feste gemietet werden kann. Im Jacobihaus finden heute Lesungen, Konzerte und Ausstellungen statt.

Besuchen sollte man den Malkastenpark (auch Jacobi-Garten), der 1790 zu einem englischen Landschaftsgarten gestaltet wurde. Nach der Zerstörung 1943 baute der Gartenbauarchitekt Roland Weber den Park wieder auf. Heute beeindruckt er in seiner Einfachheit. Mit seinen Bäumen, Wiesen und Wegen, der ihn umfließenden Nördlichen Düssel und zahlreichen Kunstwerken, darunter selbstverständlich einer Goethe-Büste (Gustav Rutz, 1899), ist er heute eine Oase der Ruhe innerhalb der Stadt.

Rätselhaft war lange Zeit der steinerne Löwenkopf auf einem Postament. Er stammte vom Wappen an der Front von Schloss Jägerhof, wurde bei einem Bombenangriff 1943 abgeschlagen und von dem Bildhauer Willi Hoselmann, der mit der Neuschaffung des Wappens nach dem Krieg beauftragt worden war, in einem Gebüsch des Malkastenparks gesichert. Erst 2009 entdeckte man ihn dort.

Die **Düsseldorfer Malerschule** entwickelte sich um den 1819 berufenen Direktor der Kunstakademie, Peter von Cornelius, und den 1826 aus Berlin kommenden Wilhelm von Schadow. Zu Beginn entstanden monumentale Historiengemälde mit mythologischen und geschichtlichen Motiven, später Landschafts- und Genrebilder, Stilleben, dann auch mit realistischen und sozialkritischen Themen. Die Düsseldorfer Malerschule, zu der man etwa 4000 Künstler zählt, gewann weltweite Ausstrahlung und war bis etwa 1870 in Fragen der Technik, der Lehrmethoden und der Sujets vorbildhaft.

Gustav Lindemann

1872–1960, Regisseur und Theaterleiter. 1905 eröffneten Lindemann und seine spätere Frau, die Schauspielerin Louise Dumont (1862–1932), das Schauspielhaus Düsseldorf und die angeschlossene Schauspielschule. Beide verfolgten reformerische Ideen für die Schauspielkunst. Sie legten größten Wert auf eine dem Dichterwort dienende hohe Sprachkultur und eine von den Mängeln naturalistischer Darstellung befreite Spielweise. Bedeutende Schüler waren u. a. Gustaf Gründgens, Paul Henckels und Wolfgang Langhoff. 1932 starb Dumont, Lindemann konnte als Jude das Dritte Reich nur dank der Hilfe von Gründgens überleben.

46 | Schauspielhaus

Spielplan und Tickets unter www.dhaus.de

Es war ein Paukenschlag, als 1970 das neue Schauspielhaus in Düsseldorf eröffnet wurde. Nicht nur, dass der Stahlbetonbau in seiner geschwungenen Form einen krassen Gegensatz zum funktionalistischen kantigen Dreischeibenhaus (siehe Nr. 47) darstellte und sich seine Fassade aus weißen Blechpaneelen dem Stadtraum ganz bewusst verschloss und somit als elitäre Großplastik den Platz behauptete – nein, zu den Eröffnungsfeierlichkeiten war die Bürgerschaft auch noch weitgehend ausgeschlossen worden, denn die Eintrittskarten gingen nur an die Honoratioren. »Bürger in das Schauspielhaus – schmeißt die fetten Bonzen raus!« skandierten zahlreiche Demonstranten.

Im Januar 2020, bei der Neueröffnung zum 50. Geburtstag, beging die Intendanz diesen Fehler nicht wieder. Intendant Wilfried Schulz hatte schon den Abrissplänen durch die Stadt mit der Kampagne »Schauspielhaus 2020« einzigartiges bürgerliches Engagement und private Spenden entgegengesetzt. In der Folge wurde die Bürgerschaft in die Bauentwicklung einbezogen.

Der Stahlbetonbau (Bernhard Pfau), heute als eine Ikone der Nachkriegsarchitektur gefeiert, musste einer gründlichen Sanierung unterzogen werden, weil der Zuschauersaal mit Asbestplatten verkleidet war. Und die Akustik, 1970 gelobt, weil sie »selbst die Atemzüge der Schauspieler hörbar macht«, wurde so verbessert, dass man es jetzt auch hört, wenn der Schauspieler nicht mehr atmet.

Die Gründung des Düsseldorfer Schauspielhauses geht auf die Schauspielerin und Theaterleiterin Louise Dumont und den Regisseur und Theaterleiter Gustav Lindemann zurück. Das Gebäude des Privattheaters wurde im Zweiten Weltkrieg zerstört. 1947 übernahm Gustaf Gründgens die Generalintendanz der Städtischen Bühnen. Deren Schauspielsparte ging 1951 in die neugegründete »Neue Schauspiel-GmbH« auf, die zunächst im ehemaligen Operettentheater in der Jahnstraße spielte. Am 13. September fand die Einweihung mit Schillers »Die Räuber« in einer höchst kargen und kühnen Inszenierung von Gründgens statt. Im Januar 1970 wurde das neue Schauspielhaus mit Büchners »Dantons Tod« eröffnet. Heute gehören zu ihm auch die Sparten Junges Schauspiel und die Bürgerbühne im »Café Eden« in der Münsterstraße 446.

Gustaf Gründgens
1899–1963, Schauspieler und Theaterleiter. Geboren in Düsseldorf, wurde Gründgens Schüler an der Hochschule für Bühnenkunst, die ihn die Dominanz der Sprache über den mimischen und gestischen Ausdruck lehrte. Nach Engagements an Theatern, der missglückten Ehe mit Erika Mann, ersten Regie- und Filmarbeiten wurde er 1933 von Göring zum Intendanten des Preußischen Staatstheaters ernannt. 1947 kehrte der Jahrhundertschauspieler nach Düsseldorf zurück und prägte als Leiter, Regisseur und Schauspieler die Städtischen Bühnen. Unvergessen seine Inszenierung von Goethes »Faust I« mit ihm selbst als Mephisto (1954).

47 | Dreischeibenhaus

»**Phoenix Bar & Restaurant**« in der 22. Etage,
Mo–Fr 12–14.30/ab 18 Uhr, Sa ab 18 Uhr

Das elegante schlanke Hochhaus ist ein Solitär zwischen dem Hofgarten und dem Schauspielhaus, der zu den überragenden Zeugnissen der Nachkriegsmoderne zählt. 1955 gewannen die Architekten Helmut Hentrich und Hubert Petschnigg den von der Rheinrohr AG ausgeschriebenen Wettbewerb mit ihrem Entwurf eines in drei Scheiben gegliederten Hochhauses, das mit einer Vorhangfassade (Curtain) aus Edelstahl, Aluminium und Glas verkleidet ist. Die mittlere Fassade ist mit 96 Metern die höchste und weist 26 Stockwerke auf. Zwischen den Scheiben sind die Flure eingepasst. Nachdem die Thyssen AG 2010 von Düsseldorf nach Essen zog, wechselte das 1988 unter Denkmalschutz gestellte Dreischeibenhaus mehrfach den Besitzer, bis es 2011 von einer Investmentgruppe erworben wurde. HPP Architekten, das mittlerweile in dritter Generation geführte Architekturbüro Helmut Hentrichs, sanierte und modernisierte das Dreischeibenhaus. So wurde u. a. die Fassade energetisch aufgerüstet und die elegante Eingangshalle mit dunkelgrün schimmerndem Marmor ausgelegt. Im Rahmen der Immobilienmesse MIPIM 2015 in Cannes erhielten sämtliche an der Rekonstruktion beteiligten Gewerke den begehrten MIPIM Award für das beste Refurbished Building.

Eigentlich war es mal ein Ensemble, bestehend aus drei miteinander korrespondierenden und konkurrierenden Elementen: Schauspielhaus, Dreischeibenhaus und Jan-Wellem-Hochstraße, genannt der Tausendfüßler, gefeiert als »schönste Hochstraße der Bundesrepublik«. Als 1961 unter Leitung des Beigeordneten für Stadtplanung, Friedrich Tamms, mit dem Bau begonnen wurde, hagelte es zum einen Proteste in der Stadt, andererseits begrüßten ihn die Befürworter einer autogerechten Stadt. Mehr als 50 Jahre floss der Verkehr über die kühn geschwungene und von y-förmigen Stützen gehaltene Konstruktion. Seit 1993 unter Denkmalschutz, wurde sie 2013 – wieder unter Protest der Bevölkerung – abgerissen, um genug Fläche für den Bau des Kö-Bogens zu erhalten.

Düsseldorfer Architektenstreit

Der 1949 gegründete »Architektenring Düsseldorf« wehrte sich zunächst gegen die vom Leiter des Stadtplanungsamtes, Friedrich Tamms, geplante Neustrukturierung der Innenstadt, die axial von mehrspurigen Straßen durchlaufen werden sollte. Ihre Kritik verhallte echolos. Erneut flammte der Protest auf, als 1952 Julius Schulte-Frohlinde, bis 1945 Leiter des Architekturbüros der Deutschen Arbeitsfront, zum Leiter des Hochbauamtes berufen wurde und seinen Entwurf für einen neuen Rathauskomplex an den Bürgern vorbei durchsetzte. Dem ebenfalls ergebnislosen Protest schlossen sich der Deutsche Werkbund, die Hochschule für Bildende Künste Berlin sowie prominente Architekten wie Gottfried Böhm und Hans Scharoun an. Er gilt heute als Zeugnis der späten Aufarbeitung der NS-Vergangenheit in der Bundesrepublik.

Kö-Bogen I und Dreischeibenhaus

48 | Kö-Bogen I und II

Kö Bogen I und II sind im Ganzen ein gigantisches städ-
tebauliches Projekt, das das Bild der Innenstadt grund-
legend gewandelt hat und weiter wandeln wird. 2013
erhielt die berühmte Kö einen würdigen und spektakulären Abschluss: das vom amerikanischen Architekten
Daniel Libeskind entworfene fünfgeschossige Gebäudeensemble, das den Namen Kö-Bogen I erhielt und als
bestes Stadterneuerungsprojekt in Cannes ausgezeichnet wurde. 300 Millionen Euro hat die ganze Herrlichkeit
aus Travertin und Glas gekostet, die mit Schwung dem
Landskronenufer folgt und von Kirschbäumen gesäumt
ist. Wie in den meisten Libeskind-Bauten finden sich
auch hier ins Metall gesägte Schlitze als Lichtschneisen.

2017 fand der erste Spatenstich zum Kö-Bogen II
statt, einem nach dem Vorbild des New Yorker Lincoln-
Centers begrünten Gebäudeblock. Hierfür zeichnet das
Düsseldorfer Architektenbüro Ingenhoven verantwort-
lich. Schon hat sich der Name »Ingenhoven-Tal« einge-
bürgert, und wirklich drängt sich der Vergleich mit einer
grünen Ski-Piste auf. Aber Düsseldorf hat mit der neuen
Fläche und ihren Spannungsfeldern eine attraktive Mitte
und ist um zwei Shoppingpaläste reicher.

Archeo-Point

2007 wurden beim Bau
des Kö-Bogens und einer
neuen U-Bahn-Linie durch
das Stadtzentrum die
Überreste der einstigen
Befestigungsanlage Düs-
seldorfs aus dem 16. bis
18. Jahrhundert entdeckt.
Zusammen mit bereits
geborgenen Teilen der
Flinger-Bastion und der
Flinger-Kontergarde aus
dem 18. Jahrhundert wer-
den diese am U-Bahnhof
Heinrich-Heine-Allee im
frei zugänglichen Archeo-
Point gezeigt, der über die
Geschichte der Stadtbefestigung informiert (Eintritt
frei, 10–18 Uhr).

49 | Haus der Universität

Schadow-Denkmal

Ursprünglich als Standort der Niederrheinischen Bank 1897 vom Architekturbüro Kayser, von Großheim & Wöhler errichtet, war das Gebäude bis 2001 Sitz verschiedener Bankinstitute. Im Stil der Neorenaissance ist die Fassade aus Natursandstein elegant akzentuiert durch einen Mittelrisalit mit Balkon und Tympanon. Seit 1982 steht das Gebäude unter Denkmalschutz. 2011 erwarb es die Stiftung van Meeteren und stellte es bis 2042 der Heinrich-Heine-Universität Düsseldorf als modernes Informations- und Veranstaltungszentrum zur Verfügung. Für diese Zwecke erfolgte eine umfassende Sanierung, mit der auch eine grundlegende Neukonzeption der Raumaufteilung verbunden war. Entwurf und Installation der Fassadenbeleuchtung waren ein Geschenk vom Architekturbüro HPP an die Universität.

Auf dem Platz davor hat die kolossale Bronzebüste von Wilhelm von Schadow (1788–1862) Platz gefunden. Von Schadow war neben Peter von Cornelius Mitbegründer der Düsseldorfer Malerschule und 33 Jahre lang Direktor der Kunstakademie. Die Büste von August Wittig entstand 1869 und gilt als schönes Beispiel für den Typ der Kolossalbüsten in der 2. Hälfte des 19. Jahrhunderts.

Mannesmann-Haus, Mannes-
mann-Hochhaus, Landeshaus
und Villa Horion

Im Oktober 2019 eröffnete
ein ungewöhnliches Mu-
seum in Düsseldorf: **»Cali
Dreams«**, das Instagram-
Museum, das keine
Werke zeigt, sondern den
Besuchern die Möglich-
keit gibt, sich selbst in 25
schrägen, von Künstlern
gestalteten Kulissen in
Szene zu setzen. Da gibt
es ein Einhorn-Karussell,
pinkfarbene Luxusli-
mousinen, Rosen und die
unvermeidlichen Flamin-
gos. Der Eintritt in diesen
Spielplatz für Erwachsene
ist mit knapp 25 Euro für
zwei Stunden recht teuer,
aber die Likes am Ende
sind es doch wert, oder?
(Erkrather Straße 343,
Mi/Do 12–21 Uhr, Fr–So
10–21 Uhr)

III. Südlich der Altstadt

50 | Ehem. Mannesmann-Hochhaus

Dass man Bauwerke mit Sendeanlagen in ihrer Wirkung
stark beeinträchtigen kann, ist beim Mannesmann-
Hochhaus bewiesen. Der 1956/58 nach Plänen von Egon
Eiermann und Paul Schneider-Esleben errichtete Turm
misst 88,5 Meter in der Höhe. Er war eines der ersten
Hochhäuser der Bundesrepublik und zählt heute noch
in seiner Leichtigkeit zu den gelungensten Hochhausbauten Deutschlands. Um einen Stahlbetonkern an der
Nordseite rankt sich eine Stahlskelettkonstruktion, die
von der Aluminium-Außenwand umgeben ist. Das Stahl-
skelett besteht aus Rundrohrstützen, die seinerzeit das
wichtigste Produkt der Mannesmann-Röhrenwerke waren. Mit der Schmalseite ist es zum Rhein ausgerichtet
und korrespondiert so mit dem links daneben stehenden
ehemaligen Mannesmann-Haus, 1911/12 von Peter Beh-
rens im Stile der Neorenaissance errichtet. Als Symbol
des wirtschaftlichen Aufschwungs in den 1950er Jahren
und als eine Pionierleistung der Nachkriegsarchitektur
steht das Hochhaus unter Denkmalschutz – aber leider
mit Sendemasten auf dem Dach.

51 | Landeshaus und Villa Horion

Haus der Parlamentsgeschichte Mo—Fr Gruppenführungen, Do 17 Uhr für Einzelpersonen nach Voranmeldung unter besucherdienst@landtag.nrw.de

Skulptur Johannes Rau

Der Komplex von Landeshaus und Villa Horion wurde 1909/11 nach Plänen von Hermann vom Endt im Stile des Neoklassizismus errichtet. Das Landeshaus, eine Vierflügelanlage mit der Front zum Rhein, beherbergte bis 1945 die Zentralverwaltung des Rheinischen Provinzialverbandes, in der Folgezeit verschiedene Ministerien, bis es 2017 wieder zum Sitz des nordrhein-westfälischen Ministerpräsidenten und der Staatskanzlei gewählt wurde.

In der benachbarten Villa Horion, benannt nach dem Landeshauptmann der preußischen Rheinprovinz, Johannes Horion, kann man sich heute im Haus der Parlamentsgeschichte auf eine Zeitreise durch die Landesgeschichte begeben, von der Gründung des Landes Nordrhein-Westfalen bis in die Gegenwart. Auf dem Platz vor dem Eingang steht die zwei Meter hohe Skulptur des ehemaligen Ministerpräsidenten des Landes und späteren Bundespräsidenten Johannes Rau (1931–2006).

Villa Horion

52 | Rheinkniebrücke

Düsseldorf zählt sieben Brücken: Flughafenbrücke, Theodor-Heuss-Brücke, Oberkasseler Brücke, Rheinkniebrücke, Hammer Eisenbahnbrücke, Kardinal-Frings-Brücke und die Fleher Brücke. Am Rheinknie, einem der vielen Bogen, die der Rhein im Stadtgebiet schlägt, bei Stromkilometer 743, wurde nach dreijähriger Bauzeit 1969 die wohl exklusivste, über anderthalb Kilometer lange Rheinkniebrücke eröffnet. Wie auch die beiden stromabwärts gelegenen Oberkasseler und Theodor-Heuss-Brücke zählt sie zum Typ der Schrägseilbrücken. Zwischen den zwei hochaufragenden Stielen des Pylons verläuft das Brückendeck, an denen je vier harfenförmig angeordnete Seile gespannt sind. Das Brückendeck ist in sechs Fahrstreifen sowie rechts und links je einen kombinierten Fußgänger- und Radweg untergliedert. Von der Brücke aus hat man einen wunderbaren Blick auf die Stadt und die Hafenanlagen. An einer der Waschbetonsäulen unter der Brücke findet man ein Graffiti des berühmten »Sprayers von Zürich«, Harald Naegeli.

Harald Naegeli
Geb. 1939, Sprayer. Den einen gilt der geborene Zürcher als Künstler, anderen als Verbrecher, der sich wiederholt vor Gericht wegen Sachbeschädigung verantworten musste, letztmalig 2019 wegen dreier Flamingos an der Fassade der Akademie der Wissenschaften in Düsseldorf. Willy Brandt, Heinrich Böll, Joseph Beuys und Sarah Kirsch hielten ihre Hände schützend über ihn, als er sich einer Gefängnisstrafe in Zürich durch die Flucht nach Düsseldorf entzog. Dennoch wurde er ausgeliefert, kehrte aber nach sechs Monaten Haft zurück an den Rhein. Seine Strichzeichnungen, Proteste gegen die Urbanisierung der Städte, Fische, Vögel und Frauen gelten heute als geschätzte künstlerische Eingriffe und Grundsteine für die Entwicklung der Street-Art.

53 | Landtag

Die Entscheidung der britischen Besatzungsmacht, Düsseldorf zur Hauptstadt des neu zu gründenden Bundeslandes Nordrhein-Westfalen zu küren, kam 1946 sehr überraschend. Düsseldorf konnte zwar auf glanzvolle Zeiten zurückblicken, in denen es Hauptstadt zunächst des Herzogtums, später des Großherzogtums Berg gewesen war, aber seit 1815 wurden hier lediglich die preußischen Provinziallandtage abgehalten. Doch der »Schreibtisch des Ruhrgebiets« hatte den Zweiten Weltkrieg weniger schwer zerstört überstanden als etwa Köln, sodass die Strukturen des bedeutenden Verwaltungszentrums noch existierten, und Düsseldorf war ohnehin Standort der britischen Militäradministration. Zunächst tagte der Landtag des neuen Bundeslandes in der Oper und den Henkelwerken, seit 1949 im Ständehaus (heute K 21), doch der Platz erwies sich auch da als nicht ausreichend. Pläne, das Ständehaus um- und auszubauen, verboten sich angesichts des Denkmalschutzes. Also

Plenarsaal

Little Tokyo

1951 ließ sich der erste japanische Geschäftsmann in Düsseldorf nieder. Heute leben hier über 8000 Japaner, die im Durchschnitt drei bis fünf Jahre bleiben und für eines der etwa 200 hier ansässigen japanischen Unternehmen arbeiten. Besonders auf der Immermannstraße sind japanische Supermärkte, Restaurants und der »Manga Hof«, ein Café, vertreten. Im Stadtteil Niederkassel findet man den japanischen Kindergarten, die Schule und das EKŌ-Haus der japanischen Kultur mit der größten buddhistischen Tempelanlage Europas (Brüggener Weg 6, Di–So 13–17 Uhr).

entschied man, am Rheinknie einen Neubau zu errichten, und lobte dafür einen Wettbewerb aus.

Mit seinem Entwurf eines gleichzeitig verspielten wie funktionalistischen Komplexes aus Kreisen errang der Architekt Fritz Eller, bereits seit 1953 Mitarbeiter im Architekturbüro von Helmut Hentrich und beteiligt am Bau des Dreischeibenhauses, den 1. Preis. Der Entwurf wurde 1981–1988 realisiert. Zentrum des Komplexes ist der runde Plenarsaal, in dem die Abgeordneten einen schönen Blick auf den Rhein haben – und von der Promenade aus beim Regieren beobachtet werden können. Wie Planeten lagern um den Plenarsaal kreisrunde Sitzungssäle. In einem Dreiviertelkreis öffnet sich der Komplex fließend zum Rhein. Die kreisrunde Gusseisenskulptur im Zentrum des Vorplatzes trägt den Titel »Tzaphon« (hebr. Nord, Kompass oder Bewusstsein) und wurde 1990 von dem israelischen Bildhauer Dani Karavan geschaffen.

Hier tagt das Landesparlament des Landes Nordrhein-Westfalen, kurz und praktisch NRW genannt, ein Land, verschmolzen aus dem Nordteil der ehemaligen preußischen Rheinprovinz mit der Provinz Westfalen und dem Land Lippe, mit bald 18 Millionen Einwohnern, die sich aus spröden Ost-Westfalen, schweigsamen Münsterländern, geerdeten Sauerländern und so schnell wie fröhlich sprechenden Rheinländern zusammensetzen.

54 | Rheinturm

Aussichtsplattform M 168 Tickets und Öffnungszeiten unter www.rheinturm.de

Vom Rheinturm aus hat man einen atemberaubenden Blick über die Stadt, bei schönem Wetter sogar bis nach Köln. 1979/82 nach Plänen des Architekten Harald Deilmann errichtet, ist er ein weithin sichtbares Wahrzeichen der Stadt. Rechnet man die Antenne auf der Spitze hinzu, kommt er auf stolze 240,5 Meter Höhe. Er ist der erste Turm, der komplett aus Stahlbeton hergestellt wurde. Auf einem Durchmesser von 34 Metern wurden 256 Betonpfeiler 18 Meter tief in den Boden gerammt. Sie tragen die Last von stolzen 22 500 Tonnen. In der halbverglasten Kanzel arbeiteten zunächst Richtfunknetzanlagen der Post. Von hier aus konnten auf 58 Kanälen 200 000 Ferngespräche gleichzeitig geführt werden. Heute sind es allein 35 000 analoge und 65 000 digitale Fernsprechkanäle sowie 13 Fernsehrichtfunkverbindungen. Auf 168 Metern Höhe befindet sich die Aussichtsplattform mit Lounge. Am Schaft des Turmes ist an einer Lichtskulptur die Zeit abzulesen – der »Lichtzeitpegel« von Horst H. Baumann (1981) ist laut Guinness-Buch der Rekorde die größte »dezimale Zeitskala« der Welt.

Blick über den Kaiserteich zum Rheinturm

55 | Am Handelshafen

Dank fortschreitender Industrialisierung und der Reichs-
gründung 1871 konnte sich Düsseldorf am Ende des
19. Jahrhunderts zu einer bedeutenden Großstadt entwi-
ckeln. Seit seiner Gründung war es eine Hafenstadt, aber
angesichts der Entwicklung der Dampfschifffahrt und
der wachsenden Schwerindustrie entlang des Rheins ent-
schlossen sich die Stadtväter, am »Lausward« einen neuen
großen Hafen anzulegen. 1896 wurden die ersten Anlagen
eröffnet. Zu seiner Zeit galt er als einer der modernsten,
wurden doch alle Maschinen elektrisch betrieben. Es folgten schwere Zeiten während der Weltwirtschaftskrise und
des Zweiten Weltkriegs, gute Zeiten während des Wirt-
schaftswunders in den 1950er Jahren, bis man feststellen
musste, dass der Hafen infolge der Kohle- und Stahlkrise
zu Beginn der 1970er Jahre viel zu groß war. Ein Konzept
für eine Umstrukturierung wurde erstellt. So wurde der
Berger Hafen zugeschüttet, um eine freie Fläche für den
noch zu bauenden neuen Landtag zu gewinnen, und aus
dem einstigen Zollhafen entstand ein Yachthafen. Seit
1989 plante und realisierte man den Ausbau des Medien-
hafens mit der Ansiedelung größerer und kleinerer Me-
dienunternehmen, darunter des WDR-Landesstudios.

Sie gehören zu den meistfotografierten Bauwerken in Düsseldorf, und sie sind wirklich außergewöhnlich. Aber sind das nicht alle Bauten des in Kanada geborenen, heute in den USA lebenden Architekten und Pritzker-Preisträgers Frank Gehry? Fassaden, die zu kippen, Bauten, die einzustürzen drohen, Wände, die nach außen gekehrt zu sein scheinen – und keine Ecke gleicht der anderen. Man denke an das Tanzende Haus in Prag, die Walt Disney Concert Hall in Los Angeles oder das Guggenheim Museum in Bilbao. So auch in Düsseldorf, an der Stelle, an der einst der Alte Zollhof stand.

Es sind drei plastisch geformte Ensembles, die ohne Sockel und Gesimse, verwinkelt und verschachtelt, direkt aus dem Boden wachsen. Gehry entwickelte seine »schunkelnden Neubauten« anhand einer 3D-Computersimulation, in der er das Areal im Maßstab 1:1 aufnahm, mit einem speziellen Abtastverfahren die entstehenden Häusergruppen präzise formte und die Ergebnisse dreidimensional speicherte. Das Architekturbüro Beucker, Maschlanka und Partner übernahm die Ausführung (1997/99). Während Zollhof 1 aus rostrotem Ziegel noch Ecken und Kanten aufweist, bestehen das mittlere, mit

Frank Gehry
Geb. 1929, Architekt und Designer. Nach einem Studium an der University of Southern California baute Gehry noch konventionell, doch spätestens Ende der 1970er Jahre änderte er seine Formensprache. Bahnbrechend war 1988 die Ausstellung »Deconstructivist architecture« im New Yorker MOMA, an der er teilnahm. Nun traten an die Stelle der rechten Winkel schiefe Wände, scharfgeschnittene, aber auch amorphe und organische Formen – ein Angriff auf die Sehgewohnheiten, bei dem es nicht mehr um Harmonie ging, sondern mit scheinbarer Instabilität gearbeitet wurde. Die Liste seiner spektakulären Bauten ist lang, ebenso die seiner Auszeichnungen.

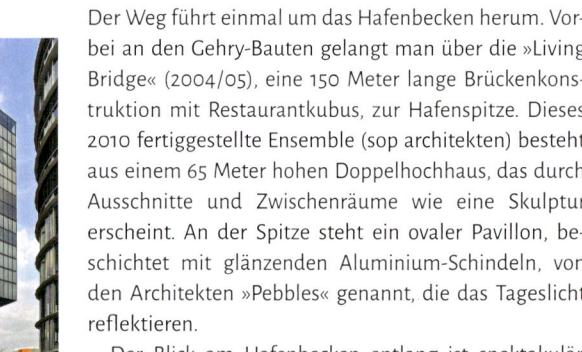

Zollhof 2

spiegelndem Edelstahl verkleidete Ensemble, Zollhof 2, und der folgende, schneeweiß getünchte Zollhof 3 nur aus sanft geschwungenen Rundungen – ein Augenschmaus für den von der üblichen zeitgenössischen deutschen Architektur angeödeten Betrachter.

57 | Medienhafen

Hyatt Regency Hotel

Der Weg führt einmal um das Hafenbecken herum. Vorbei an den Gehry-Bauten gelangt man über die »Living Bridge« (2004/05), eine 150 Meter lange Brückenkonstruktion mit Restaurantkubus, zur Hafenspitze. Dieses 2010 fertiggestellte Ensemble (sop architekten) besteht aus einem 65 Meter hohen Doppelhochhaus, das durch Ausschnitte und Zwischenräume wie eine Skulptur erscheint. An der Spitze steht ein ovaler Pavillon, beschichtet mit glänzenden Aluminium-Schindeln, von den Architekten »Pebbles« genannt, die das Tageslicht reflektieren.

Der Blick am Hafenbecken entlang ist spektakulär. Historische Hafenbauten und moderne Gebäude bilden zusammen ein unverwechselbares Antlitz. Beachten sollte man das 2001 von dem britischen Stararchitekten